父首甘为儿子牛

哈佛女孩张宏杰毕业留影

哈佛女孩张宏杰毕业时与母亲在一起

哈佛女孩张宏杰的弟弟在踢橄榄球

哈佛女孩张宏杰与她的导师在一起

哈佛女孩张宏杰与她的弟弟在一起

哈佛女孩张宏杰与母亲走在林荫道上

全家福

我比小象酷

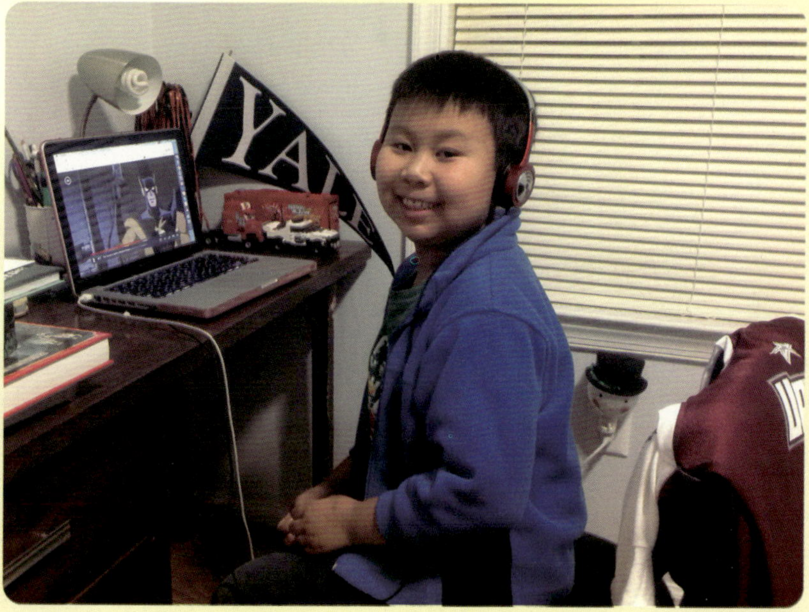

我的学习，我做主

我的中国瓷

行走在美国的街道

HARVARD

哈佛并不遥远

——哈佛女孩张宏杰之父细说教子经

张志宏 著

中国社会出版社
国家一级出版社★全国百佳图书出版单位

图书在版编目（CIP）数据

哈佛并不遥远：哈佛女孩张宏杰之父细说教子经 / 张志宏著. —北京：中国社会出版社，2013. 8

ISBN 978 - 7 - 5087 - 4482 - 7

Ⅰ. ①哈…　Ⅱ. ①张…　Ⅲ. ①家庭教育　Ⅳ. ①G78

中国版本图书馆 CIP 数据核字（2013）第 150721 号

书　　名： 哈佛并不遥远：哈佛女孩张宏杰之父细说教子经

著　　者： 张志宏

责任编辑： 魏光洁

助理编辑： 赵津莹

出版发行： 中国社会出版社　**邮政编码：** 100032

通联方法： 北京市西城区二龙路甲 33 号新龙大厦

电　话：编辑部：（010）66026807　（010）66061723

邮购部：（010）66081078

销售部：（010）66080300　（010）66085300

（010）66083600

传　真：（010）66051713　（010）66080880

网　　址： www. shcbs. com. cn

经　　销： 各地新华书店

印刷装订： 北京华创印务有限公司

开　　本： 145mm × 210mm　1/32

印　　张： 7. 5

字　　数： 160 千字

版　　次： 2013 年 9 月第 1 版

印　　次： 2013 年 9 月第 1 次印刷

定　　价： 32. 00 元

序

哈佛并不遥远

2009年，一个普通家庭的中国女孩，一鸣惊人百发百中连中四元，被哈佛、耶鲁、麻省理工、普林斯顿这四所世界顶尖学府同时录取，并给予四年全额奖学金。“哈佛女孩张宏杰”的名字一夜之间成为传奇，先后有法新社、路透社、美联社、中新网、世界日报、星洲日报等上百家国内外的新闻媒体争相报道，一时传为佳话。

三年以后，张宏杰再创辉煌，提前被三家著名的跨国公司争相招聘。

无独有偶，张宏杰八岁的弟弟在父母家庭教育的熏陶之下，也品学兼优不甘人后。

是什么样的家庭教育能够结出如此丰硕的成果呢？

在国内家长的眼里，美国教育只是一个美丽的光环。因为这个遥远的梦，使国内人对美国的追慕和推崇显得更加虚幻和绚丽。国内一些经济殷实的家庭不惜重金，让孩子孤身远渡重洋，来到美国接受西方教育，在这些孩子当中，有的甚至从小学就开始接受美国教育。

可怜中国父母心，美国的教育到底怎样？美国学校到底是怎样培养孩子的创造能力的？美国是否像中国学校那样以分数高低论学生优劣呢？在美国接受世界一流的学校教育，就真的能培养出人格和能力俱佳的顶级人才吗？

不容置疑，美国教育更侧重学生学习能力的训练以及创造能力、批判性思维能力的培养，特别注重培养学生自信、自立、自主的精神品格，在学生创造力的培养上有自己独到的教育经验。对于孩子的创造能力来说，有两种能力比死记硬背更有用：一种是知道去哪儿寻找他所需要的、比他能够记忆的多得多的知识；另外一种就是综合使用这些知识进行新的创造的能力。很多在美国环境下成长的孩子，他们脸上总是洋溢着快乐自信的微笑，内心充满阳光又富于创造力。他们没有严苛的考试规程，也不用每天操劳一大堆作业，孩子有足够的时间用来思考，做他们自己感兴趣的事情。学校注重孩子的实践活动，侧重孩子的动手能力，开发他们求知的原动力，培养主动学习的习惯，在积极快乐的求学过程当中，孩子的个性爱好得到最大的发挥，学校成为孩子想去的地方，那里成了他们的百乐园。

即便这样，美国的教育真的无懈可击吗？当你摘下美国教育绚丽的光环，与它面对面接触的时候，好多事情并不如你想象的那么美好。

在《我们相信变革》一书中，美国总统奥巴马在序言中谈到美国教育，他热切呼吁美国家庭更应该注重儿童教育，让自己的孩子有能力和中国的孩子竞争未来就业的机会。

奥巴马深知中国传统的文化和教育，中国的基础教育在全世界是最扎实的，中国的学生求知也是最卖力的。中国的家长做梦都盼着儿女成为人中龙凤，所以特别关注孩子的学习成绩，中国学生的分数打遍全球无敌手，这个说法毫不夸张。但是中国教育也存在很多弊端，从某种程度上来说，还是半吊子应试教育，培养出来的人才没有创造活力，喜欢照搬书本，很少会变通，所以中国的孩子和家长一直期待一些富于人性化、创造性的教育模式。

曾经有一个接受过中美教育的中国孩子，在美国的学校接受教育，他虽然成绩不好，但是对自己很有信心，可是转到国内，在应试教育的大背景下，他几乎天天泪流满面。

中美教育到底有何不同？美国教育的成功和失败之处在哪里？为什么美国有钱人放弃免费的公立教育，偏要花费大量美金送孩子就读私立学校？而国内的公立学校，异地学生很难入门就读，我们怎样才能找到适合中国孩子的教育呢？

如果我们能够吸取美国教育的长处，将其融合到中国教育体系当中，在中美教育之间找到最好的教子妙方，那么中国孩子的身心便能健康快乐地成长。

为此，“哈佛女孩张宏杰”的父亲张志宏，一个草根亲子专家，与妈妈沙淑杰经过了多年的潜心实践，总结出了一套切实可行、特别适合中国家庭教育的亲子法宝，希望能够与关心热爱子女教育的国内家长共同分享，一起进步，为孩子的未来筑梦成真，早日迈向成功的康庄大道。

这部书不是令人望尘莫及的专家力作，理论性可能不够系统、深刻，但是它没有哗众取宠或者夸夸其谈，因为它来源于普通家庭父母一点一滴的亲子心得。

目 录

第一章 我看美国教育

中美教育到底有何不同？美国教育的成功和失败之处在哪里？为什么美国有钱人放弃免费的公立教育，偏要花费大量美金送孩子就读私立学校?而中国大城市的公立学校，异地学生却很难就读，我们怎样才能找到适合中国孩子的教育呢？

吸取美国教育的长处，融合到中国教育体系当中，在中美教育之间找到最好的教子妙方，也许不失为使中国的孩子身心能得到健康快乐的成长的好方法。

第二章 孩子是父母最棒的作品

教育孩子也是对我们自身修养的检验，更是一个对自己反思的过程。因此，智慧的家长喜欢思考，聪明的家长喜欢聆听，他们通过改变自己与孩子的交流方式来发现孩子的兴趣所在，进而趁热打铁、因势利导，让孩子在自己喜欢的轨道上开足马力、奋勇前进。实际上，这也是我们每一位家长的共同心声。

第三章　爱是上好的教育

我们都知道一句话：知子莫如父。我们都喜欢和孩子做好朋友，希望能和他们在一起坦诚地谈话，这样我们跟孩子才不会有那么深的代沟。当然在小时候，我们自己也希望有这样的经历，但又有多少父母能够体会儿女的心情呢？时过境迁，如今，我们作为父母，对孩子不会再用老一套的教育方式，会用浓浓的爱来浇灌儿女敞开的心扉，培养孩子积极向上的意志，希望在前进的道路上，引导孩子走向健康的未来。

第四章　快乐比什么都重要

随着时光的流逝，孩子总有长大的时候，那个时候，他们的世界观也会渐渐形成。而此时，我们跟孩子之间对事物的认知，或多或少就会存在着不同的看法。在这种情况下，究竟如何统一思想是个很关键的问题，更是我们每位家长朋友必须面对的话题。谨以此篇与朋友们分享我的体会。

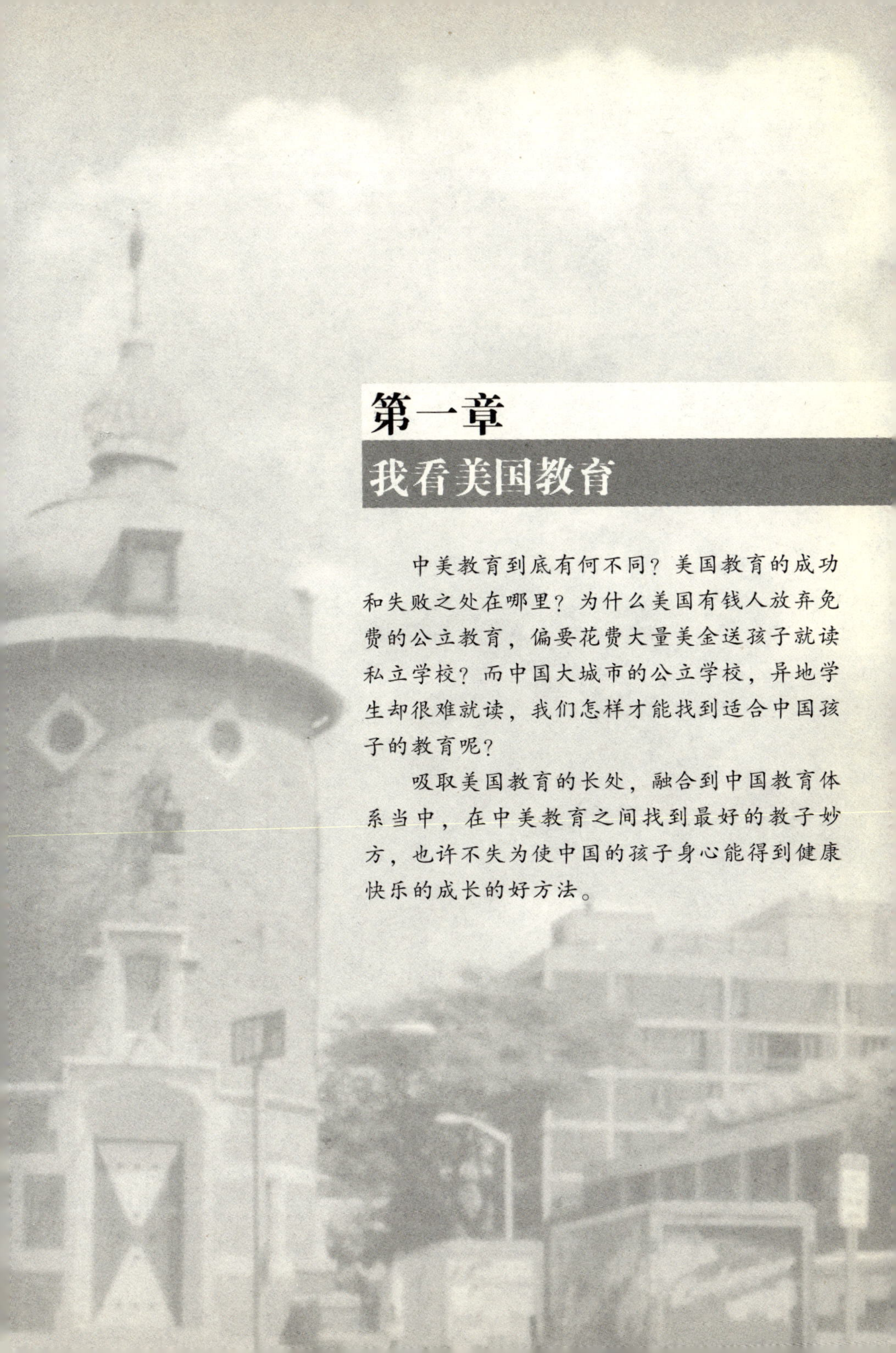

第一章

我看美国教育

中美教育到底有何不同？美国教育的成功和失败之处在哪里？为什么美国有钱人放弃免费的公立教育，偏要花费大量美金送孩子就读私立学校？而中国大城市的公立学校，异地学生却很难就读，我们怎样才能找到适合中国孩子的教育呢？

吸取美国教育的长处，融合到中国教育体系当中，在中美教育之间找到最好的教子妙方，也许不失为使中国的孩子身心能得到健康快乐的成长的好方法。

值得借鉴的美国教育（一）

很多国内家长问我在美国对孩子的教育与国内有何不同?我觉得这是一个很宽泛的问题，仅凭三五句话是很难说清的，我只能根据自己的见闻与大家略说一二。

来到美国，我最为关心的还是孩子的教育问题，要想在美国把自己的孩子教好，我必须要熟悉美国的地域文化和风土人情。我是中国人，自然要把中美的教育方式进行比较，既要入乡随俗，又要适合自己的家庭环境，找到并制定切实可行的家庭教育方案。

我们还是从美国小孩出生那一刻谈起吧，看看那些金发碧眼的洋孩子怎样度过他们的童年?

美国孩子出生的时候，做父亲的，包括一些重量级的亲属都要在孕妇的产房外等候，给英雄母亲打气加油，鼓舞她战胜疼痛，顺利迎接最为激动人心的幸福时刻。一般情况下，要由孩子的老爸亲手剪断连接母子的脐带，共同见证幸福时刻。助产医生也会在第一时间递给孕妇一杯带有冰块的冷水，表达对孕妇的敬意和祝福。随后医生把孩子抱走，开始给孩子一些必要的测量和沐浴。此时，孕妇的亲属也是忙得不亦乐乎，他们始终陪伴在产妇身边，用摄影机和照相机不停地抓拍，不放过每一个细节，完整地记录宝宝来到人间这一激动人心的全过程。产妇从分娩到孩子呱呱落地的场面是温馨的，大家轻松快乐地说笑，没有丝毫的紧张和恐惧。身体健康正常的新生儿，第二天早上就会和妈咪一起离开医院。临走的时候，医院会送给宝宝许多免费的婴儿用品以及一些诚挚的叮咛和祝福。而且严格要求宝宝家属出示用于婴儿乘坐的安全座椅，如果家人的汽车没有准备好，无论你多么有名气，医院都不会让你把婴儿带走，这是对婴儿安全的基本保证，也是新生命安全意识的第一次体念。在医生的热烈欢送下，母子走出产房，来到医院的大厅，此刻守候多时的亲朋好友会一拥而上，争相献出早已准备好的礼物：玫瑰花、童装……各式包装精美的贺礼令人眼花缭乱。霎时间，照相机灯光闪烁，大家欢声笑语，场面温馨而隆重，就像迎接凯旋的大英雄。出生不到两天的小孩就这样闪亮登场了。

亲朋好友散去后，留给小家庭许多自由支配的时间。饥饿的产妇就会手拎着婴儿筐，带着小可爱到饭店大吃一顿以示庆贺。孩子可能怕热，因而衣不遮体，在炎热的夏季也就罢了，如果在寒冷的冬季，你就会愤愤不平了：这个妈妈是怎么当的？自己裹得严严实实，那么小的孩子却赤着脚裸露着小腿对抗着西北风。他们抱孩子的手法，也是五花八门，令你叹为观止，也从没有一个人担心过这样抱会闪了孩子的腰，惊吓到孩子，令小可爱不舒服。尽管这样，美国的小孩子一个个还是那么生龙活虎。不过在这里，您绝对看不到任何一个穿开裆裤的小孩子，男女性别，从着装上一看就知道，不像有些国家小孩着装不分男女。小到玩具、书包等也是分得清清楚楚，男女有别。

美国的小孩子生下来就喜欢自由，因为他们生下来就没有被包裹的习惯，不同于有些国家的风俗，如绑身、睡头等。美国的婴儿无论是睡觉，还是玩耍，都是自由自在，尽情地摆出自己的 Pose。美国的小孩子生病很少吃药，一是医生不随意给孩子开处方；另外，大家都知道是药三分毒，没有人愿意以身试毒。打针更是少见，如果小孩需要打吊瓶，那么这个人不是身患重症，就是病入膏肓。大家都知道病症的最好治疗，就是多喝水，多休息，增强体质的自身免疫力。

美国小孩子学吃东西的时候，可谓八仙过海，各显神通，无论他们怎样吃，吃相多么难看，没有人去管，让他们随意吃。如果没有吃饱，也不必理会他，饿一顿就知道应该多吃一些了。到了孩子上学或者离开父母的时候，父母就不用担心，他们知道孩子会把食物往嘴里送，不会饿着的。

美国的小孩子非常懂礼貌，孩子学说话的时候，除了最先学会叫爸爸妈妈以外，第三个单词就是谢谢。无论是父母，还是其他人，小孩只要接受对方的帮助，或者收到对方的礼物，除了表示高兴外，他们一定会非常认真地表达自己的谢意。如果孩子一时高兴忘了，父母知道后，会非常严肃地提醒孩子说："我建议你应该说点什么。"小孩子就会猛然记起，连忙表示谢意。美国的小孩子在他们做错事的时候，都会认错，表示歉意，绝不会无理取闹。他们会争取对方原谅，从而得到大家的宽恕和理解。

美国的小孩子喜欢说赞美的话语，让人听起来非常舒服。比如，去朋友家里吃饭，饭菜一盛出来，小孩子就会赞不绝口，先从盘子说起，夸赞每一件餐具，看起来都非常的精美别致。这不同于一些其他国家的孩子，只是说一些空话，在日常交往中，却是说一套做一套。可能有些人不赞同美国小孩的做派，认为这样做显得非常的虚伪，难道我们不能理解成他们非常的有涵养吗？试问有谁愿意听伤人的话语呢，我想他们这些品德的传承，可能来自于他们的宗教信仰。

美国的小朋友非常的乐观豁达，因为他们的父母和学校不会给他们太大的压力，让他们对生活和未来充满自信，充满希望。有些甚至是夸大的自信。美国的小朋友非常讲卫生，他们自幼就养成经常洗手、每天换洗全部衣物的卫生习惯。一个礼拜每天穿戴的衣服绝对不一样，否则就是父母没有尽到抚养的义务。即便孩子玩得尽兴的时候，躺在地上或是席地而坐，也不会看到衣服变得很脏，那是因为他们热爱环境卫生的习惯所致。在这里看不到乱丢垃圾、随地吐痰、随地大小便等损害公德的行为。他们会以身作则地积极维护公共卫生，经常做一些类似国内义工的事情。

美国的小学教育不提倡死啃书本，他们更注重个性特长的自由发挥。所以你看到的是天真活泼和淳朴善良，很少有刁钻古怪的小天才让你眼前一亮。他们培养的是孩子的兴趣，并不是父母对孩子的设计，所以小孩子做起事情来兴趣浓厚，自然就投入。美国教育以鼓励为主，从不冷言冷语打压孩子的积极性，使孩子产生恐慌逃避的心理。他们鼓励孩子兴趣广泛，让孩子去接触学习更多的知识，让孩子自己去选择爱好，因人而异，量体裁衣，并非一定要按照父母的意图去发展，所以他们更有想象力和创造力。

值得借鉴的美国教育（二）

美国的小朋友对人和动物非常友善，他们热爱生活，善待宠物。许多家庭在孩子出生以后，就会遵循医生的建议，养一只猫、一只狗或者一只乌龟，取一个好听的名字送给他们的小宝宝，让宠物陪着孩子一起快乐地成长，从而培养孩子的爱心。所以美国人不能理解其他国家的人们为什么热衷吃肉，无法忍受虐待动物的现象存在。因为有了动物的陪伴，人类的生活才会更加精彩。

在美国，绝对不允许成年人恐吓和殴打小孩。美国专门制定一个完整严厉的法律体系来保障儿童权益。孩子入学时，老师对小朋友说得很清楚，如果个人受到伤害，一定要报告警察，让法律为你讨回公道。所以在学校里，老师不敢无缘无故地讥讽或嘲笑学生，更不用说殴打体罚了。在家里也是一样，小孩子犯了错误，父母惩罚孩子的方式顶多是让孩子自己去房间反省，直到他们认识了错误，才让他们出来。并不会对其搞一些拳脚演习，因为那样是犯法的，父母可能因此失去对孩子的监护权。

在美国长大的小朋友，他们大多性格活泼开朗，待人接物很有礼数，讲究团队精神。他们从小就经常参加聚会，名目五花八门。就连四五岁的小朋友也很潮，有模有样地光顾情人节的聚会，彼此赠送礼品，很是逗人喜爱。与人交谈时，他们会认真地看着对方，会耐心地聆听不同的意见。与人交谈时从不争抢话题，向别人展示自己的口才，相反他们更想知道别人的内心世界。他们说话的语气谦和，表现得很有修养。所以他们无论走到哪里，都会结交很多新朋友。当然，父母也不甘落后，他们充当孩子的心灵使者，经常告诫孩子们要怀着一颗感恩无私的心，定期带孩子去教会以洗涤心灵的污垢。

美国的小孩子懂得遵守秩序，在购物或者乘车时，他们都井然有序地排队，耐心地等待，不会有插队的行为。排队等候时，如果有小孩子在公共场所哭闹，父母大多会把孩子带到人少的地方抚慰，等孩子不再哭闹的时候才返回来，因为他们不想给别人添麻烦。

另外，美国也注重培养小孩子的诚信品德，绝对不允许小孩子撒谎。当然，大多数小孩子是不会撒谎的，但是如果有人撒谎，那一定是个弥天大谎！一旦谎言被人戳破，那人可能一辈子都抬不起头，被贴上不良的标签，做什么事情都会受阻，比如不能买车买房，不能开公司，不能申请信用卡，总之，如果没有诚信，在美国就会寸步难行，诚信是美国人的第二生命。所以在美国长大的小孩子不会存在侥幸心理，不是自己的东西绝不能占有。比如在无人看守的超市或礼品店里，面对诱人的食物和玩具，也不会有一个人去贪小便宜。因此在美国，当没有人在家的时候，主人也经常门不上锁，夜不闭户。许多的大小装饰物品随便放在门外也不用担心被偷。

美国的小孩子胆大心细，充满幻想，极具独立的个性，他们大多相信上帝，但不惧怕鬼怪。其实，美国很多社区与墓地相邻，在万圣节的夜晚，他们都在自己的房间里挂满了阴森恐怖带有鬼怪的饰物，用音响播出鬼哭狼嚎的音乐，甚至打扮成各种恶鬼到处戏耍，以此为乐。而且他们也不怕黑，打小孩出生后，就让他单独睡一张床。

值得借鉴的美国教育（三）

美国的小孩子经常抱着比他们还小的弟弟妹妹玩耍。你看见一个只有四岁的姐姐抱着四个月大的妹妹也不要感到奇怪，因为像这样的事情太正常了。当你看见一个八个月的小孩子在哭闹的时候，他的妈妈随手将一根尖尖的竹筷插进孩子的嘴里当玩具，你也不要替孩子紧张，因为他们并不觉得那是一件危险的事情，而且他们自己也是这样长大的。

在美国，小孩子在 18 岁之前不可以接触香烟，21 岁以前不可以接触酒类。他们也不会帮助大人买烟买酒，没有人敢卖给他们，因为这样做是违法的。此外，不允许小孩子购买彩票，烟花爆竹也一定要在大人的监护下购买。

美国的小孩子非常讲面子，他们都会给予对方高度的尊敬。而大人给予小孩子更多的是鼓励和赞美，从不会冷嘲热讽。家庭成员之间没有明显的等级制度，更像是一种朋友关系。小孩子可以直呼父母的名字。家中的一件小事，大人们也会虚心征求小孩子的意见，聆听或者接受孩子的建议，小孩若有错误就加以引导改正，这样就能从小培养孩子独立的个性和领导能力。

美国的教育是有教无类，目的就是让每一个小孩子都有免费上高中学习的权利。学校没有快慢班级的差别。在第一次对孩子进行测试以后，学校把班级打乱分成若干个小班。视人数的多少，每一门课分成三至五个小班级授课。比如上数学课的时候，由于成绩特别突出被分配在 A 班，语文课的成绩一般被放在 B 班，体育课时由于身体素质原因被分到 C 班。这样因材施教，使孩子水平相近，没有压力，学习起来更加轻松愉快。而无论在哪一个班级都会有好的成绩表现，没有压迫感就不会自暴自弃，进而增长孩子学习的热情，培养孩子积极向上的精神品质。在每一个学期结束以后，学校根据学生的成绩再进行划分，这样总能够表现出孩子突出的一面。

此外，美国的小朋友在学校能上很多手工课，比如烹饪、烧制陶器、服装颜料、科学实验等一些贴近生活的知识，培养孩子浓厚的学习热情，进而使其养成热爱生活、热爱学校、热爱团队、友爱互助的精神作风。在美国，男孩子表现得非常绅士，女孩子展现得活泼开朗，男女小孩在一起的时候，男士处处谦让，女士当仁不让。

美国的小孩子在小学四年级以前的基本任务就是玩耍，每天去学校就是吃喝玩乐，而这也是小孩子最喜欢的。四年级以后学习的任务才开始慢慢加重，因此许多外国新移民特别是亚洲的小孩子都非常喜欢这里，他们觉得学习的内容比以前简单许多，没有感觉到压力，只要稍微用心就能取得好成绩。到初中时，学习内容又多了一些，不过学的多玩的也不少，还是很轻松的。

到高中的时候，学习的节奏就开始加快了，但是应付起来仍然绰绰有余，所以有一些成绩优秀的学生不甘寂寞，就选修了许多大学课程，为以后申请大学的时候做准备。而要想进入理想的常春藤名校，你就必须选修 12 门以上的大学课程。所以这也是养成孩子自学能力的开始。

到大学后，情况一下子全都改变了，原先不紧不慢的生活节奏早已无影无踪，学习的步伐开始明显加快，学习方式也有很大的变化。常常以探讨为主题，一个问题刨根问底，非要弄个水落石出。如果没有良好的基础，你就会跟不上老师的教授。在这个时期，有许多原先喜欢啃书本的学生，就会感到很失落，学习成绩急剧下滑，而先前一些不起眼的学生反而后来居上，用他们的聪明才智创造出一个又一个骄人的成绩。难怪掌握世界上一些领先技术的大多是美国人，即使那些著名的亚裔科学家，他们也是在美式教育下，才跃身世界顶级的学术殿堂。这是一个不争的事实。因此，教育要讲究方法，只有不断地创新开拓，才能走上教育的兴旺之路。逆水行舟不进则退，故步自封、妄自尊大只能使教育倒退，思维呆滞。

值得借鉴的美国教育（四）

美国的教育比较特别，可能让有的人赞叹，也可能让有的人嗤之以鼻。但是不管怎么说，这种教育制度的确培养了很多卓负盛名的优秀人才。美国政府对教育的支出从不吝啬，千方百计地扶持教育事业。各大公司也是争相对教育事业不遗余力地赞助，社会团体和宗教团体更是如此，他们这样做的目的，不仅为了推进教育事业的蓬勃发展，同时也可从中获得政府的减免税收，可谓一举两得。以前，大学的教育经费来自于国家的分配和社会团体的慈善捐款，以及私立学校的自募集资。后来逐渐趋向于国家拨款、校友捐款和对外出售科研项目的收入。所以小孩子在开始上学直到高中的时候，一直面临两个选择。一个是去学费全免、午餐免费、每天有校车来回接送的由政府创办的公立学校，另一个就是去学费昂贵、独立上学的由教会创办的私立学校。不言而喻，公立学校的学生有贫有富，种族不一，教学的内容比较简单，而私立学校无论是配套资源还是教学品质都要好一些。虽有公私之分，但是这并不影响孩子今后上大学时候的竞争力，却能够影响孩子一生的道德修为；特别是教会创办的私立学校，学生人数众多。美国的家长不必为小孩的学费担心，医疗保险也是一样，美国法律规定对于家庭生活拮据的 18 岁以下的小孩，看病就医都由政府埋单，另外，他们还可以享受诸如税务补贴、免费食物券的权利。

美国的升学制度也很特别，一般在高中以前没有什么变化，积极推广普及高中教育。但是到了上大学的时候，情况大为改观，一般在高中第二年，学生就要着手准备升大学的事宜。他们根据自己准备的情况，随意制定时间参加大学联考（SAT 评测），这也是被美国高校普遍认可的考评依据。虽然考试可以多次参加，但是费用要自理。对于家庭收入较低的学生可由学校出资，第一次免费应试。考试前两次取单科最高成绩作为最后成绩；第三次开始取历次考核平均分数。许多学生为了了解自己向往的学校，一般的情况是在家长或同学的陪同下，逐一走访心仪已久的学校，在学校的安排下实地考察参观宿舍、餐厅、教室、礼堂、运动场等设施，听取校方热情的介绍，为以后申请学校提供重要的依据。

在这一时期，学生除准备应对 SAT 考核以外，还要认真准备一些，比如自己给每一所想要去的学校写一封申请书，说明为什么要选择这所大学。也要准备好以往参加各种活动的简历，比如参加慈善活动，参加义务工作者服务的累计时间和该机构出具的有效证明以及评语，以往参加社会团体组织时，曾经担任过的职务；比较突出的才艺特长，比如曾经担任某乐团的首席小提琴手，跆拳道全国冠军；除此之外，还要准备请升学指导老师帮你写一份精彩的推荐信，证明你是一位勤学上进品德优秀的好学生；更不要忘记把自己在麦当劳或者医院，参加非洲国际红十字会工作实习的经历整理好，给你想要申请的学校一并寄上，等候他们的回音。

对学生来说，人脉关系至关重要。虽然学习紧张，但是五花八门的社交活动一样也没落下，比如生日聚会、舞会、慰问活动等等，这也是保持朋友之间沟通的最好方式。美国大学培养学生的目标是学生的创造力和领导能力，像常春藤名校更是如此。比如，哈佛学校的录取分数为 2200 至满分 2400。2300 分以上的成绩可谓出类拔萃，但是学校却不一定要你，2300 分以下虽然分数偏低，但是其他方面非常突出，学校也会对你偏爱。

值得借鉴的美国教育（五）

当一切准备好以后，学校就开始组织庞大的招生审评委员会，他们会认真评估每一位学生的具体状况，甄选他们中意的学生。特别是常春藤名校，他们的要求更为严格，但不外乎是从 SAT 成绩、社会活动经历、特长、潜力、校友记录、族籍、离校居住距离、学校俱乐部配额、自荐信、推荐书等这几个方面去评审。其中尤以 SAT 成绩最为重要，但是在相同条件下，其他成分显得更为突出。比如：在社会经历中，你是重要角色，或者只是个配角，如果是前者可能加分，后者就没有了。

从个人潜力来看，一个是来自著名私立高中的学生，他的 SAT 成绩 2100 分；一个是来自公立学校的贫困学生，他的成绩是 2000 分，把他们放在一起比较，前者各项指标都非常出色、成绩超常，而后者虽然成绩也非常优秀，但是他的其他指标并不出色，原因是因为他的家庭比较贫穷，放学后没有更多时间去做一些其他的事情，只能去餐馆打工帮助补贴家用。在这个时候，评审委员会不但会给他加分，还可能破格录取他，而淘汰前者。他们的理由是，贫困学生能够在简陋恶劣的环境里自强不息，取得令人骄傲的好成绩难能可贵，假以时日，当环境改变时，他会全心全意地投入到学习中，定能创造奇迹。而前者在好的前提下取得的优异成绩，在人们看来是不足为奇的。况且100分和95分在他们的眼睛里都是一样，只要努力进取就没有永远的差距。

特长：就是你在某一领域有比较特殊的表现。比如你是NBA或是影视大明星，同样可以得到加分，这在许多国家也是天经地义的事情。

校友记录：就是家庭成员曾经有过该校的学生，或者曾经有过巨额捐赠给学校。

自荐书：就是你写给学校的申请感言，如果能够感动委员会就有希望加分。

推荐书：来自老师和学校对学生在校表现的评语和推荐。

族籍：如果是少数民族就加分，为的是突出校园种族多元化。不过，如果超出了学校的族籍比例，你的成绩即使比别人好也可能被淘汰，许多的白人和亚裔学生就是因此被拒之门外的。

居住地离校的距离：指从学校到家里的距离超过500英里以上即加分，这是为了吸引更多的外来优秀学生。

学校俱乐部的需求：比如说学校有一个著名的乐队，原来的小提琴手今年刚好毕业。学校为了填补这个位置，他们就会在有这方面特长的学生中选拔，要是在录取分数线以内没有找到，这时学校就会在接近分数线的学生中选拔，破格录取。

在校成绩：指以往的各个年级的在校学习成绩。有的偏远地区学生在校成绩评估过低，委员会就会相应地给予加分，相反如果有的地区评估过高也会减分。如果是以第一名在校成绩毕业也会加分。

社会活动经历：指除了在学校以外的社会活动，比如慈善、人道援助、社会义工、打工经验。表现特别突出也会加分。

美国的公立和私立大学的学费区别非常大，比如公立大学只提供给在本州居住的学生，对外州的学生收取更高的费用。值得一提的是美国大学诸如哈佛、耶鲁、麻省理工、普林斯顿、斯坦福等排名前 20 名的大学，只有加州伯克利一所是公立学校。另外美国为了吸引来自世界各地的优秀学生，面对全球招生。经过严格筛选再对进入前 5000 名的优秀学生进行选拔招生，通常是比国内提早，一般是在 9 月份由学校推荐申请，同年 12 月份得到通知。录取率大约为 3‰，大约有 17 人最终被录取。

一切资料准备妥当后，学生们就要给想要申请的学校发信。一般来讲，你可以申请八所学校，也可以申请 20 所学校，理由是申请的学校越多，录取的概率越高，但是申请费要自理。对于一些家庭贫困的学生，申请前四所大学的费用给予免费，其余的费用自理。大多的学生都会申请 12 所以上的大学，即理想的大学四所，满意的大学四所，拭目以待的大学四所，这是为了以防万一。当大学招生委员会收到申请以后，他们就会认真审核评估，筛选他们理想的学生，然后进行表决，这个时期，学生最为紧张。

从1月份到3月份，学校会把录取通知书陆续寄给每一个申请的学生。如果你看到邮箱里收到的是一个厚厚的大信封，这就是一个好消息，一定有学校录取了你，如果你看到的是一个普通的信件，那就非常可惜，你的申请失败了。到4月1日前，所有的通知都会寄到。这个时候，学生的选择权利就会反转，面对众多选择，学生们会认真比较，然后艰难地作出自己的决定。对于中意的学生，学校还会发来许多热情洋溢的信件，极力讨好学生，催促学生务必选择他们。

这就是我所知道的美式教育，它不仅外表亮丽，内在也是同样完美，这让我不由得突发奇想，我们千年前的书院教育是否是他们今天所盛行的教育模式？

换位思考看美式教育

“如果到了美国不懂得换位思考，还是以过去的应试教育模式来看美国的中小学教育，那样对美国的教育只会感到失望。如果不调整自己的心态，不入乡随俗地适应美国的生活模式，那只会在美国生活得更加辛苦。”偶尔遇到一些想移民来美国的朋友，我打心底想知道他们究竟是如何打算。目前国内有一部分人条件非常优越，甚至令人艳羡，但为何还想移民？仔细一问，好多国内的朋友都说是为了让孩子接受更好的教育。正是英雄所见略同，但凡移民来美国的人，最常用的“借口”，就是希望孩子有个更好的未来，让他的生活更加幸福。

如果仅是为了逃避国内令人望而生畏的高考而送孩子来美国读初中，你到时候可能会很失望。众所周知，美国是一部分人的天堂，同时也是一部分人的地狱。正因为如此，一些人从国内高兴地来美国，十几年后才发现这里并不是他们想象中的天堂，他们以为美国的素质教育就应该是花更多的时间来学习数理化，结果发现自己的孩子连九九乘法表都不会，并且心算能力比国内的一年级小学生还差，因此他们对美国的中小学教育大失所望。许多人经常抱怨，就连一些在美国陪孩子读书的中国妈妈们都说："美国中小学上课的时间很少，下午在学校没待一会儿就放学了，也没有家庭作业，只会疯玩。这样孩子不仅输在起点上，甚至连终点也输了。我们那时满腔热情，现在后悔当初不该送孩子来美国读书。"

其实，这种担忧很让人理解，如果真要移民美国，就不能再以国内的眼光来看美国的事情。虽说美国是一个包容性非常强的移民国家，可学校不是专门为哪国人开设的，尤其是美国的中小学教育模式，那是为绝大多数美国人的小孩将来能很好地融入美国社会而设置的。国内人将孩子送来美国读书很大的原因，就是不喜欢国内的应试教育，因为国内教学的目的都是为了分数和升学率，为了让孩子赢在起跑线上，各种繁重的学习任务压得孩子透不过气来，牺牲了孩子本该享有的乐趣，所以他们才下决心送孩子出国读书。

有些家长其实不然，以为让孩子从"火坑"中跳出来，就会进入到他们理想化了的"桃源"。当看到孩子早早就放学，回家又没写家庭作业时，又不由自主地要在美国再给孩子设个学习的"火坑"。当美国的中小学教育现实与他们心目中为考取名牌大学需要花费更大精力有很大的落差时，他们就会抱怨美国学校的老师不负责任，教学不花心思，不给孩们布置家庭作业等等，还是以自己过去所受教育的思维来评价美国的教育方法，这当然会产生很强的失落感。殊不知很多美国平民家长的价值观与我们截然相反，也就是说企图心没有国内人那么大，他们的理想就是过上知足常乐的生活，他们不需要靠当工程师或者医生，而只靠在服务行业中谋一份职业，就能租到生活设备齐全的住房，吃到放心的安全食物，在节假日开车去旅行，高兴时可以买贵得离谱的名牌衣服，退休了还有医疗保障。他们觉得，既然能这样舒适地生活，为何要让孩子们从小就受苦呢？

美国未来的社会发展就像驾驭的马车，两轮负重，高度发达的科技行业与不同层面的低端服务行业齐头并进。所以美国的教育同样也是两头并重，大学期间注重优秀人才的培养，中小学着重培养孩子学习的兴趣。因材施教，在寓教于乐中，培养孩子们能独立学习和思考的能力。如果不让孩子从小发挥他们的天性，而总是以家长的意志去左右孩子们的选择，孩子长大后，又怎么能成为一个有独立思考和具创新能力的人呢？在职场竞争日益激烈的当下，他们如何去转换跑道应对新的职业要求？

美国的中小学教育可能不适合那些走独木桥式教育的中国家长们的要求，但为大量美国人以高素质的技能进入服务行业提供了最为合适的教育服务，不会将大量的人力物力投入到数理化的教学上，而是合理地使用资源，花费更多精力去开设让孩子们从小就能接触到社会生活中方方面面的课程。但这样的课程往往被一些中国家长认为是多余的，恰恰这些看似很轻松的课程，正是美国中小学素质教育中最为重要的组成部分。它让孩子从小就对自己感兴趣的知识产生主动学习的动力，在以后的职业生涯中，能从事自己感兴趣的工作。

说归说，做归做，天下的父母，谁不希望自己的孩子能上个名校？这只是家长美好的愿望，未必是孩子自己真实的想法。可怜中国父母心，他们在国内害怕失业下岗，害怕生活没有保障，害怕沦落底层而被人瞧不起，害怕这害怕那，恐惧成了他们压在心头挥之不去的阴影。所以移民后，他们也不顾孩子的感受与能力，希望自己的孩子能考上名牌大学，希望自己的孩子能有个高薪职位，从而有个好的生活保障。但是，如果还是用国内那套孩子未上小学，就要认识上千生字，能背上百首古诗，能快速倒背乘法口诀，总之以死记硬背来衡量美国的教育，而看不到美国教育启发孩子，让他们从小就养成独立思考的能力。如此看来，家长们是否要慎重些，要么多花些钱送孩子去私立学校，要么就读普通公校。不过也别指望在私立学校读书，就一定能上名牌大学，毕竟美国的中小学教育不是为能就读名牌大学而开设的。

美国中小学教育没有使用全国或某个州的统一教材，课本都是各个学区自行选择的，里面的内容涉及社会生活中的各个领域，孩子每天都会从这样的课本里学到很多东西，不懂的问题，他们就会带回学校问老师。这种教育方式让孩子学会自学，学会发现问题，学会提出问题，进而找到解决问题的途径，比如问老师，问家长，还可以去图书馆，去博物馆，去互联网寻找自己满意的答案，而不是靠填鸭式的死记硬背去死啃已经存在的东西。像大科学家瓦特，就是在观察实验中，逐步掌握了蒸汽机的发明原理，而不是靠死啃书本而得知的。因此，孩子在自发的兴趣中寻找答案，是确立品学兼优和成功的基本保证。劝告那些来美国的国内家长们，只有入乡随俗，才能使孩子的教育赢在起跑线上，最终不负所望，迈上胜利的终点站。

走出道听途说的美国教育（上）

在美国，从小学到高中，上学完全是免费的。课本不需要自己购买，而是由学校统一发放，只是用完后要还给学校，如果在使用时有损坏的话就需要赔偿。一般来说，学生都没有必要带课本回家做作业，而且那些课本都很大很厚很重，所以学校给每个学生都提供一个柜子来存放书本、杂物之类的东西，学生只需要自备书包、纸笔即可。

在学校里，老师动手打学生或者辱骂学生，会受到法律的严惩。所以有时候可以把学生看成老师的“衣食父母”，而老师又怎么会不孝顺父母呢？当然这只是一个幽默的比喻而已。老师也不会以成绩看人。此外，在遇到矛盾和纠纷时，学校禁止学生打架斗殴，让他们充分认识到暴力是解决不了问题的，其实这就是学校注重培养学生的尊重和宽容的心理素质，也跟我们所说的君子动口不动手的道理是一样的。

在美国上学，不管是小学、初中，还是高中，学生中午一律在学校吃饭，而且饭菜价格很便宜。当然，对于那些吃不惯学校饭菜的学生可以自带便当，对于低收入家庭的学生可以申请免费的午餐。

美国的电视、电影有严格的分级制度，主要是根据暴力程度跟色情程度来分，分为：所有年龄、7 岁以上、14 岁以上、18 岁以上。所以如果想看 18 岁以上的影视，就要核实你的身份，之后才能买票。而 14 岁以上的必须有大人陪同。这也是很多小孩子长大以后都比较单纯的根本原因。

美国的小孩子，他们的学校成绩都是保密的，老师也从来不会公开考试成绩，更不会像国内某些老师，为了达到提高成绩的目的去羞辱或者鼓励学生，其实在美国这样的事情对小孩子会产生很大的负面作用，甚至会让老师惹祸上身，所以老师不会给学生留下任何歧视行为的把柄。在美国，所有学校都专门给残障学生留有位置，他们会和正常人一样上课，而且还会有特别的老师照顾他们。没有人会对他们另眼相看，甚至歧视他们。在美国，从小学到高中的学校课程分为几大类，英文、数学、科学、社会科学、第二语言、美术、体育。科学类里包括生物、化学、物理、地球宇宙学，等等，他们有选择地学习一些课程，学生每类完成多少学分（多少课程）就可以毕业。

以上，我们了解了美国的家庭教育和学校教育的一些常识，这对那些想要或者将要送小孩子出国留学的家长们提供了宝贵的参考资料。然而，我在学习的过程中，也发现一些问题。比如，我看到了许多不尽如人意的文章，这些可能是出国留学机构，出于他们的经济利益，昧着良心，就采取了一些断章取义、报喜不报忧的做法，把小孩子的留学事宜吹捧上天，误导了许多一心一意甚至砸锅卖铁望子成龙的家长们。令人更加气愤的是，其中有些文章甚至出自名家之手，为了博取大家的眼球，竟然避重就轻，不分是非，把一些常识说得与事实不符，令人遗憾且辜负了家长们的信任。有些人为证明自己所说的真实性，可谓是煞费苦心，不遗余力地列举了大量的访谈和采访照片，用以证明所言不虚。崇拜专家的一些家长真的相信了，结果倒好，钱不仅花了很多，孩子还没有上好学。再比如，许多朋友说：美国家长为了教育小孩子的独立性，不给小孩子上大学的学费，就是为了更好地锻炼小孩子自立自强的能力。这只是一个非常牵强的借口，有些过于片面，其实这里还有更多的其他因素，作者没有全部说出来。

我记得有一篇文章是这样写的：有个妇女和一位朋友讨论美国父母教育孩子的问题，说在孩子考上大学之后，家里不会为子女支付学费和生活费。这位朋友已为人父母，她很不理解美国父母为什么这么狠心？而她以前的同事也曾经采访过一位三个孩子还在上小学的妈妈特雷西。这位母亲表示不会为孩子上大学储蓄一分钱。采访的结果令人大跌眼镜。可是他们仍信誓旦旦地认为教育孩子最好的方式，就是树立自力更生的榜样。孩子的爸爸大卫说："我告诉孩子，如果他们想上大学，这将是他们的责任，自己必须为它付出。"

事实果真如此吗？我觉得也不尽然，这可能只是一部分人的想法。当然，为了搞明白到底是怎么回事，首先，我们还是从问题的所在，美国的大学期间花销经费说起，然后再看一看美国家庭对于沉重的学费负担，究竟有什么应对之策，以便于更好地了解美国的教育现状。的确，美国同世界大多数地方不一样，上大学的开支很难预先算出来，因为影响开支大小的因素很多，取决于孩子进了什么学校、家庭收入和财产、资助的结构（奖学金还是贷款）、每年学费的涨幅以及孩子要几年才能毕业，等等。也可以毫不夸张地说，大学学费的支出可能超过买房成为普通的美国人最大的一笔开支，所以说预算是一定要做的。而作为家长来说，最不愿意发生的事情，莫过于孩子考上了心目中的理想大学，而家长却因为拿不出钱而唉声叹气。因此，很多家长在他们的孩子进入高中之后，就至少做一次大学开支的估算，这样可以得到一个比较准确的参考答案，也免去了将来的许多后顾之忧。而影响大学开支的最大因素，就是进入私立学校还是公立学校。比如：伯克利是加州大学系统的旗舰分校，它在加州乃至全美国公立大学中都是有一定代表性的。伯克利分校 2012～2013 年度本州住校学生预期开支是＄32，631，包括学费：＄12，834；住宿：＄14，060；伙食：＄930；书本日用杂项：＄4，811，这一数字适用于居住在本州的学生住校的费用。如果住在校外（二年级后大多数学生住校外）自己开伙可以省一些钱。如果是外州或外国学生，由于他们的家庭没有在加州纳税，就需要另加＄22，878。

通常私立学校的开支比公立学校更贵。某一常春藤盟校 2012～2013 年度的预算开支是＄54，780（这个数字在私立名校中有代表性）。包括学费：＄38，650，住宿：＄6，950，伙食：＄5，680，书本日用杂项：＄3，500。需要说明的是学生的实际开支可能比这个数字还高。因为有的学生离学校远，回家时需要坐飞机，以一年4～5次平均票价是$400计算，光车旅费一年就要再加$2，000。所以基本上公立学校的开支是$30，000～$35，000，私立学校的开支在$55，000～$60，000。

家庭自付额是用来衡量家庭财务实力的一个指数，它是根据一个依法律设立的公式计算的。家庭的收入、资产（如房产，股票，生意等）和福利（如失业或社会保障）都在公式的考虑之中。同时公式也考虑到父母亲年龄、家庭规模和家庭成员人数，年内将上大学或职业学校的人数等因素（如果有几个孩子同时在上大学可以减少EFC）。每年初，家长都要根据前一年的收入和资产情况填写联邦学生援助（FAFSA）的表格。有孩子上私立学校的家长还要填写College Scholarship Service Profile的表格，这个表格比FAFSA更加详细，这些信息被用来计算你的EFC。学校使用EFC来确定学生是否合乎联邦学生援助标准以及财政援助的数量。

EFC的计算有两种方法：联邦方法和学院方法。这两种方法计算的结果可能接近，也可能差得很远，这取决于家庭财产情况。FM是用来计算学生获得联邦资助、佩尔助学金（Pell Grants）和大多数州里资助的资格，它为大多数公立大学所采用。许多私立高校和奖学金计划则使用IM来确定申请学生的资格。

家庭自付额：顾名思义，就是预计你的家庭一年可以支付的这个数目的学费。比如说，孩子大学开支是$35，000，你家的 EFC 是 $20，000，那你每年需要资助的部分就是 $35，000 - $20，000 = $15，000。大学会通过各种方法来帮你填补这 $15，000 的差距。但如果连 $20，000 也出不起，那你就得自己想办法了。计算 EFC 的公式相当复杂，但网上有不少免费计算器（EFC calculator）。比如 College Board 计算器，它给出 IM 和 FM 的计算结果。家长可以用这个计算器来进行估算。

回过头来，我们再接着说一说美国大学花销的一些其他因素。以前，美国大学有奖学金和助学金之分。奖学金是奖给某一方面优秀的学生，而助学金则是发给家庭比较困难的学生（两种都是不用还的）。美国的基于学生学业成就的奖学金，大多数学校都会提供。而助学金则同美国的基于家庭经济需求的奖学金类似。目前只有部分大学提供这类奖学金，其中包括：约翰霍普金斯大学（Johns Hopkins University）、杜克大学（Duke University）、南加州大学（University of Southern California）、西北大学（Northwestern University）、芝加哥大学（The University of Chicago）、圣路易斯的华盛顿大学（Washington University in St. Louis）等。而这一类奖学金的竞争更是异常激烈，学生通常需要写申请信、提供导师的推荐信等，才能额外申请这一类的奖学金。需要注意的是，所有常春藤盟校（八所）和斯坦福（Stanford University）、麻省理工（Massachusetts Institute of Technology）、加州理工（California Institute of Technology）只有基于经济家庭需要的奖学金，没有基于学生学业成就的奖学金。

当学生被大学录取之后，会收到来自校方的资助信。通常的资助是根据 EFC 计算的。如前面的例子：大学开支是 \$35，000，你家的 EFC 是 \$20，000，那你每年需要资助的部分就是 \$15，000。这部分钱可能包括 \$2，500（勤工助学）、\$5，000（助学金，该项费用是不用还的），再加 \$7，500（贷款，是要还的）。贷款也有很多种，有些是毕业之后才开始计息，有些是马上就开始计息，利息差别也很大。只有很少大学可以完全不需要用贷款来当作资助，大多数学校都要在给予资助的部分加入数目不等的贷款。不少大学经常会说，我们满足所有学生的财政需求。这话并没有错：学校帮学生搞到贷款也算是满足学生的财政需求，只是这部分钱以后还要外加利息。所以，对于那些想留学美国的人来说这点一定要仔细了解。

一谈到学费，虽然每个人都在叫苦连天，但学费依旧年复一年地增长，一点儿也没有停止的迹象。在这种情况下，我们对大学的开支做一个比较准确的评估比什么都重要。而评估的要点是计算家庭自付额（EFC）。如果能支付全部的学费当然最好，退一步来说，家长至少应该存够支付四年 EFC 的钱（这部分钱大学认为家庭应该能支付的）。如果存的钱不够就要考虑一下后备方案，这时需要同孩子进行一次开诚布公的讨论。在美国，许多家长让小孩子贷款，负担一部分上学的开支，这毕竟是他自己的教育。这跟中国父母为孩子所做的巨大牺牲，砸锅卖铁供孩子上学的不可取做法形成鲜明的对比。

在美国，许多富翁不提前给小孩子积蓄，其中一个原因是小孩子上大学的时候需要填写个人财产，如果小孩子有过多的财产，他可能得不到学校的任何补助和减免好处，那么学校就会认为您有足够的支付能力，而不需要帮助。

总之，在美国，只要小孩子想要上大学，学费的来源有很多种，可以通过贷款、服兵役、勤工俭学以及家长为他们购买教育基金（类似于国内的买保险，买得越早越便宜）等方式来解决，这些都不是大问题。其实最大的问题是给自己的养老提前做规划，毕竟还没有谁肯借钱给您来养老的。最后真心希望拙作能够对国内家长们有所帮助。

走出道听途说的美国教育（下）

在美国，有些父母即使有足够的资金，也坚持不支付孩子的大学学费。他们认为如果孩子没有付出，就不会真正了解教育的价值或是金钱的价值。其实这也是美国家长对孩子的一贯作风：不给钱，不骂人。自己需要什么，去努力，去创造，不干涉，经常会给孩子一些小的目标，让他们一个一个地去奋斗，去实现。如：买玩具、出去旅游，在家里或者勤工俭学什么的，自己挣的钱就由自己支配。而美国孩子从小就比较有经济头脑，大概也与此有关。美国父母可能不像中国父母那样对孩子照顾得无微不至，他们更侧重于让孩子健康乐观，能独立生存，并且有健康的人格、意志。他们不会煞费苦心地设计孩子的未来，更不会一意孤行地替孩子安排未来，而是注重孩子的自由发展，顺着孩子的天性培养他们，努力培养孩子适应各种环境的能力，以及能独立生存于社会的能力。说白了，美国父母不是孩子的靠山，而是他们的精神支柱。

当您看到这里的时候，可能会为美国人的冷酷无情或者坚持真理而赞叹不已，或者情不自禁地为他们的所作所为而鼓掌叫好。然而，我所知道的却不仅仅是这样。众所周知，美国是一个宗教国家，他们通过信仰学会感恩、学会回报社会。

大家都知道，许多美国人一生都不积蓄，他们以不做金钱的奴隶而自豪；他们认为钱就是用来花的，是用来享受的，应当做一个名副其实的金钱主人，甚至许多人没有钱，他们借钱也要享受生活，所以大部分美国人花起钱来都是大手大脚的。

因为信仰，他们从不为明天而担心，把一切都交给上帝，让上帝安排一生一世的生活。这一点都是他们从小潜移默化的教育所养成的习惯。由此可见，一个这么有爱心的人，怎么会一反常态自顾自地享受人生，而对他们钟爱的小天使弃之不顾呢？从他们为小孩子的健康成长竭尽所能所做的一切，也可以看出来，这样不合情理，那答案一定另有隐情。

他们无须为孩子的教育而担心，因为美国是一个标榜贫富人权平等的国家，从小学到高中，美国提倡有教无类的全民教育。小孩子的教育费用理所当然地由政府来替他们埋单，而无须他们操过多的心。假使有一天鸡窝里飞出金凤凰，他们的小孩子真的脱颖而出，那就更不需要他们操心了，要是没有钱，他们可以向学校申请贷款，申请助学金，等等。而这个时候，您会发现，被歧视的并不是非籍和外来人，而是地道的金发碧眼人，这都是拜美国大学里讲究平权、族籍比例等所赐。扪心自问，朋友，您亲眼所见有几个大把撒钱做慈善事业的有钱家庭，把自己的宝贝孩子打扮成穷人养活？据我所知，他们的孩子吃得好，穿得好，住得好，玩得好，受最好的教育，读最好的精英学校。

既然如此，穷也是好事，富也是好事，是不是夹在之间的中产阶级就会苦不堪言呢？事实的确如此。不过他们也不会坐以待毙，也会想方设法去解决问题；于是他们找到了这样一个法宝：不给孩子攒钱。了解美国的朋友们都知道，美国是一个养老保险机制比较健全的发达国家，几乎每一个中产阶级都有一份种类不同的保险金。当他们驾鹤西归的时候，真正受益的人并不是他们的儿女，而是他们的孙男嫡女。自然，他们的父母不需要给孩子付出更多，他们只要准备着有朝一日给他们的子孙留下点好处就功德圆满了。还有，美国的家庭一般都有好几个小孩子，这不仅仅是他们喜欢孩子的缘故，还有一个更加实惠的好处，那就是孩子多了，同样可以享受减免税收。而且无论您的家庭生活如何贫穷，在小孩子 18 岁以前，医疗保险都是政府埋单，所以无须顾虑生病去医院等问题，这对于中产阶级无疑是喜从天降。再如，一个单身人的收入＄1，000，税率为10%，税后为＄900。而收入＄2，000，税率为20%，税后为＄1，600。如果收入＄3，000，税率30%，税后为＄2，100。从其中您可以看出，赚得多，并不一定拿到手里的就多，这个时候，换成您又会如何想呢？相反，如果是一个三口之家，同样是＄3，000，因为人员的增加，税率反而会减少，可能只有10%了。以此类推，如果是四口之家同样是＄3，000，可能政府还要倒贴补助您呢，孰轻孰重一目了然。所以很多人心照不宣地多生孩子，或者干脆善心大发，到处去领养小孩子

（当然，绝大部分的人是宅心仁厚的大好人，他们受宗教影响一心向善，往往不辞辛苦地收养一些残疾儿童，令人肃然起敬）。还有，从另一个角度来说，美国是一个法律比较完善的国家。没有一个人敢大言不惭地说：我可以在美国真正的偷税漏税。即使像许多同胞企业，他们也会使用一些非法移民来逃税偷税，不过也没有办法能够完全避开交税的，比如，生活中，你买的任何一样东西都要带着税收，所以说聪明的中产阶级必须找到合法的避税之策。

另外，还有一个很关键的省钱方法，孩子要连续地生才好，这样花销才不会很大，国家补贴得也会更多。这也是许多美国家长不存钱的原因之一。毕竟这是一笔不菲的数目！由此看来，盲目地把一个国家的生活习惯或者可能是陋习缺点说成是优点和美德，是不负责任的，不利于我们更好地教育小孩子。

在有些文章中，还引用了自相矛盾的资料："在美国，38% 的年轻人，没有从父母那里得到学费支持，剩下 62% 的年轻人能够从父母那里得到学费支持，而年龄在 19 岁至 22 岁的年轻人中只有 35% 得到学费资助。"当然也不排除不少美国父母没有足够的钱支付孩子学费。我不能说美国的教育都好，都成功，但是，他们教育孩子从小就从事送报等劳动，本身就是一种吃苦精神的磨炼。在寒冷的冬天，当中国的同龄孩子还在热被窝里熟睡时，西方孩子早已起来挨家挨户去送报了。这在娇惯子女的中国家长看来可能有些"残忍"，但正是这种看似残忍的教育方式，让美国的孩子从小就有超强的适应能力，也让他们在长大之后，懂得如何照顾自己，让自己生活得更好。相比之下，中国的父母就显得过于“温情”了。我想说，造成这种不同家庭教育观念的根源，其实是子女的归属问题：即孩子是属于他们自己还是属于父母。在中国，孩子就像是父母的私有财产，一切得听父母的；在美国，子女是独立的个体，他们属于自己，也属于社会，他们有自己的喜好、选择、隐私、交际圈。所以父母不能打孩子，因为父母不是孩子的主宰，孩子的问题不是父母说了就算。由此就引出了另一个问题，父母对子女的责任。在中国，父母对子女的照顾是无限的，从小到大都要包养，家长会帮孩子把一切都料理好。当父母在做这一切的时候，他们心甘情愿，牺牲非常大。在美国，父母不会把孩子的事情全部包下来，反而孩子还必须承担一些家务劳动。很多孩子吃喝玩乐、学习的费用，都是自己打工（在学校、在社会）挣来的，或者也可以在家里干活，父母给工钱。这看似很“狠心”，其实却能让孩子懂得“一分耕耘，一分收获”这个道理。

我也不得不说：这看起来洋洋洒洒的长篇大论，其实也不都是真实的。国内的情况自不必说，但就美国而言，也是很片面的。我在美国生活了十几年，实话实说，还没有见过有几个小孩子冒着寒风去送报纸的，再说有多少报纸需要小孩子来送？那些大人都干什么去了？我所看到的就亲情而言，美国的家长和中国的家长是一样的。

在美国高校录取中，SAT 不是万能的

和中国的高考成绩一样，SAT 考试成绩在美国也是高校录取的一个重要标准，不过它与中国的高考有所不同，美国的SAT 考试成绩不是高校录取的唯一标准。2009 年，小女幸运地以全奖进入了哈佛大学读书，并在第一年的暑假，如愿以偿地申请到了哈佛大学招生办的文件整理工作，这样能更加全面地学习、了解进入常春藤大学的奥妙。借此与读者朋友们分享心得体会。

中国高校录取也存在着一些其他的辅助因素，像少数民族可以加分，革命烈士家属可以加分，省市重点三好学生也可以加分，等等。不过这些加分因素，往往也会被学校和家长们钻空子，成为不正之风的一种根源。

在美国则有所不同，各高校录取没有统一的标准，标准都是各高校根据自己的办学理念和实践以及社会需要自行制订的。如果考察一下美国每所高校的录取标准，我们就会发现，

除了 SAT 考试成绩以外，美国的高校录取还有很多标准，而且这些标准既不能用走过场的方式应付，也不会留给人投机取巧的机会。以下就是美国几所著名高校在录取新生时的标准。

哈佛大学，常春藤盟校：申请表，高中学校报告，哈佛附加表，SAT Ⅰ或 ACT 成绩，SAT Ⅱ成绩，两封老师推荐信，面试。（外国学生还需要 TOEFL 成绩）

斯坦福大学，著名综合性大学：申请表，斯坦福附加表，ACT 或 SAT Ⅰ成绩，建议有大学预修课程（AP）或国际文凭组织（IB）考试成绩（此项成绩并不必需），TOEFL 成绩（外国学生），高中学校报告及成绩单，老师推荐信。

麻省理工学院，著名工程大学：个人信息表（包括父母信息及相关专业信息，类似其他学校的申请表），学生入学论文、课外活动及学习状况，数学或科学老师推荐信，人文、社会科学、语言老师推荐信，高中学校报告（包括成绩单），SAT Ⅰ或 ACT 或 TOEFL 成绩，SAT Ⅱ成绩，面试。

加州大学伯克利分校（University of California，Berkeley），著名公立大学：申请表，SAT Ⅰ或 ACT 成绩，SAT Ⅱ成绩，TOEFL 成绩（外国学生），个人入学论文，高中成绩。

弗吉尼亚州立大学（UVA），著名公立大学：申请表，SAT Ⅰ或 ACT 成绩（申请奖学金者必须提交该成绩），以往就读学校的报告及成绩单。

皮埃蒙特社区大学（Piedmont Community College）：对 18 岁或 18 岁以上的成人开放，具体课程要根据修课前对学生的阅读、写作或数学水平测试而定，学生也可以用 SAT Ⅰ或

ACT 成绩替代水平测试。在读高中生通过具体项目也可选修该校课程。

从以上的内容不难看出，除了 SAT 的成绩外，美国的高校录取还看重很多其他因素，比如：高中成绩、高中老师的推荐信，以及学生的特长、兴趣及对自我的评价，族籍，等等。另外，学校声望越高，对 SAT 考试成绩以外的要求就越多、越具体。

在中国人的印象里，推荐信可能不重要。不过当你来到美国后，就会发现美国人很看重推荐信，因为推荐信是要有很好信誉的人士或者单位作推荐和担保。在这里就涉及了一个诚信问题。在美国，诚信比生命更重要，常听朋友们说，钱没有了可以再赚，而诚信没有了却很难咸鱼翻身、东山再起。如果你这一次言而无信，那么你丢掉的不仅仅是面子，还有信誉保证。你没有信誉了，谁也不敢再跟你打交道了，所以很少有人自找麻烦。

由于推荐信举足轻重，很多机构，比如哈佛大学，就要求所有教师的推荐信要对被推荐人保密，每个被推荐人在请老师写推荐信时都要签一个文件，接受这种保密性。鉴于推荐信的保密性，被推荐人一定要确定写信人对你有足够的好感。如果是一个对你了解有限，甚至没有好感的人主动提出要为你写推荐信，并不见得是一件好事，因为有可能弄巧成拙。不过，绝大多数的美国人，他们对不了解或者不欣赏的人产生质疑时，会直言相告拒绝写推荐信。

从以上不难看出，几乎每所大学都要求申请人递交高中时的在校成绩，甚至有的高校直接把学生的高中成绩单也一并视为申请时最重要的材料之一。学生要把自己申请高校的名称通知自己的学校，然后由学校负责把需要的成绩单直接寄到申请的高校去。成绩单上会列出学生所选课程及每门课程的最后成绩。当然成绩越高，被录取的几率就越大；如果成绩最初不是很好，但成绩单上却显示出不断提高，也会有被录取的机会。相反如果成绩由高至低，就会带来负面影响。

不过，仅凭成绩好还不行，高校查阅学生的成绩单时，也看重一种被称之为“日程强度（strength of schedule）”的因素，学生要避免成绩单上有极明显的“擦边（coasting）现象”，也就是说，学生的成绩单上至少要有几门看起来有点儿挑战性的课程和日程安排。比如，在最后一年里，你不能只有体育、保健、艺术和三节自修的课程，应该尽可能预修一些大学（AP）课程，这样你才会脱颖而出。就拿我女儿来说吧，高中期间她参加了七个社团活动，并担任了其中四个社团的主席，还加入了一个本市著名的乐团，一度担任首席小提琴手。尽管如此，她还抽空预修了17门大学的课程。

除了成绩单，很多高校也要求申请者提供高中报告。高校通常会给学生一张高中报告表格，报告表格一般由学生在校期间的一位辅导老师来填写，然后由学校直接寄给大学。报告表格的主要内容，有的是在申请表中就已经出现的一些信息，包括学生在高中时的平均成绩（GPA）、所学课程的班级水平（普通班或精英班或AP班）及学生是否受过纪律处分等；还有一些其他信息，如询问辅导老师关于学生“日程强度”的看法以及对学生的学习、课外活动及个人性格的主观看法；有的表格还给辅导老师提供一个全面评价学生的机会，如果辅导老师不太了解学生，他们会跟班级老师们交流，以更加全面地了解一个学生的优缺点。在全面评价学生一栏，很多辅导老师会写一大堆像标准答案一样的评价。

很多高校都要求申请者提供最后一学年的期中和期末报告，这样做，是因为美国学生申请高校时，通常都在最后一个学年的秋季，这个时候，这一学年的成绩还没出来。大学不希望学生在递交申请或被录取后，就不再努力学习了。这样，最后一学年的期中和期末报告便起到了督促学生继续努力学习的作用。当然，这份报告也是由学校直接寄往所申请的高校的。如果学生最后一年的期中和期末报告比以往的成绩有所下降，即使被录取了，学生在大学一年级也可能收到学术警告（academic probation），严重的可能导致录取资格被取消。

在一些大学里，他们还有自己的附加信息，以哈佛为例，有基本个人信息、联系方式等，还有很多与个人兴趣、特长和理想相关的问题，比如：

（1）在哈佛列出的各项活动中，你目前对哪两项最感兴趣？包括社会的、政治的、宗教的、种族的、音乐的、体育的、行政的、新闻的，等等。

（2）大学期间，你最有可能选择学习什么领域？具体讲七大类，包括社会科学，如经济、法律、教育；人文，如文史哲；数学；生物；工程；物理；计算机等。

（3）大学期间你会改变学习计划吗？比如从理科转到文科等。你的课外活动会有变化吗？你将来的职业会有变化吗？

（4）如果你最感兴趣的是运动，你将来想要参加什么水平的运动？大学校际的或是俱乐部/区域性/娱乐性的？

（5）描述你曾经生活过的国家或地区。

（6）可选择的信息：1. 最能表现你的天分或特长的作品：CD或参加的一些科研项目。2. 附加作文：如果你认为所有申请表格中，没有充分展示出自己的全部才艺，可以利用这个机会来展示自己。你可以写自己成长过程中与众不同的生活环境，或在其他国家生活、旅游的经历，或给自己未来的重要朋友写封信，或者认为对自己最重要的一次求知经历，比如一次讨论、一篇论文、一个项目、一本书、一个科研的题目等，或者在今后实践中你希望如何运用你所掌握的大学知识……总之，要能够充分展现自我，表现对价值观的正确认识，这样才能吸引招生办老师的眼球。

简而言之，与中国一锤定音式的高考录取相比，美国的高校在录取学生时，除了学业成绩以外，更希望能从各个角度了解申请者；每一个方面，都似乎在衡量申请者是否具有持之以恒、德才兼备的素质和信心，这样或多或少可以避免学生形成一种一举成名的侥幸心理，促使学生更专注于脚踏实地的学习和生活，有助于学生培养不急不躁的学习和生活习惯。

选择美国高校少不了大学游

对于在美国长大的孩子来说，大学游（College Tour）是一个成人礼（Rite of passage）。从目前的趋势来看，参加大学游的孩子年龄越来越小。当然，家长们也乐此不疲，一方面是为了孩子，另一方面似乎也是在圆自己的梦想。这在国内可是不多见的，在美国则不同，全美的大学有 3，000 多所可以供莘莘学子挑选，而且申请的数量也没有限制。实际上，人的精力是有限的，通常申请 10 ~ 15 所就可以了，这样能有个比较。

与国内一样，美国也有许多人根据排名来决定申请哪所大学。实际上，这种方法有很大的缺陷，每所大学都有自己的个性和特点，不同的大学适合不同的学生。所以，大学游就给那些中学生和他们的家长提供了一个近距离接触学校的机会。学生的目标是申请那些与自己在 Academic 和 Social 方面都吻合的大学；就像是相亲一样，找到最适合自己的，而不仅仅是找到最好的。

大学游一般有两种：Campus Tour 和 Information Session。这和自己到大学里溜达一圈不是一回事。很多大学都会有学生带领参观者四处参观（Campus Tour），导游会介绍学校的历史、趣闻逸事、社团活动以及学校的硬件设施等。Campus Tour 的时候，如果人员比较少的话，可以向导游多提一些问题，比如：校园生活是什么样子，校园是否安全，有什么样的学生组织（兄弟会/姐妹会），他们为什么会挑选这个学校，等等。但不能够询问他 SAT 考多少或拿到多少资助等问题，因为在美国这类问题属于个人隐私，贸然提问是既粗鲁又不礼貌的。如果孩子准备报考的专业比较冷门，一定要问清楚这个学校有没有这个系或专业。Information Session 则是学校招生办（Admission Office）举办的一个讲座，偏重于介绍学校在录取方面的一些问题。参观和讲座的目的都是向你推荐这所学校，但侧重点不同。如果可能，两者都应参加。

然而，许多朋友在大学游中常常是走马观花，没有留下深刻的印象，所以一定要把节奏放慢，这样你才能了解这个学校的学生生活是什么样的，同你的孩子是否相配。如果能在学校里听一堂课，千万不要放弃这样的机会。在参观学校的时候不要只参观校园内部，周围环境也要看看，最好体验一下。比如，在学校附近吃上一顿饭，最好能够在附近住一个晚上，因为有些学校的周围环境实在不敢恭维。当然，去学校参观也要挑个好时机，学生在 11 年级过于繁忙，基本上没有时间去参观学校，九年级和十年级的夏天算是最佳时机。不过也有人选择在 12 年级大学录取之后再去参观学校，这是较为省钱的一种方法。当然，看的学校多了，信息很容易混淆。所以最好带个笔记本，拍张照片，然后把自己的印象写下来，这对以后作决定时会有帮助。

在美国，许多华人大多会去参观常春藤盟校和本州的公立学校。其实还有一类文理学院（Liberal Art Colleges），较少为华人所知。比如，加州的波莫纳学院（Pomona College），麻省的威廉姆斯学院（Williams College），艾姆赫斯特学院（Amherst College），女校中的威尔士利（Wellesley College），等等，都很值得一看。如果你的孩子申请工程类的则有另外一组学校供参考，像麻省理工学院，加州理工学院，加州大学伯克利分校，卡内基－梅隆大学（Carnegie Mellon），伊利诺伊州立大学香槟分校（University of Illinois at Urbana－Champaign），哈维玛德学院（Harvey Mudd College ），等等。

每参观完一所学校，家长就要跟孩子进行沟通，让孩子了解父母的观点，同时也知道孩子的想法，最好能达成共识。如果达不成共识，家长也不要干预孩子的决定，因为毕竟孩子知道自己想上什么样的大学。

何时留学之我见

在一般人看来，出国留学是他们梦寐以求的理想，然而任何事情都有两面性，在看似风光的留学背后，也有许多不为人知的故事。对于国际学生来说，由于不能就读美国公立学校，私立中学就成为留学生进入美国学习的首选。美国的私立中学分为走读和寄宿两大类。寄宿学校直接充当学生的监护人，除提供全日制教育以外，还提供学生的住宿和生活管理。走读学校只提供全日制教育和课外活动，但不提供食宿和生活管理，学生一般选择住在当地的寄宿家庭。相对于美国公立中学，私立学校一般规模较小，师生比率低，因而教育质量更高。同时美国私立中学注重学术创新，鼓励学生接触新鲜事物，力求为学生创造一个安全、创新、活跃、有趣、多元化的环境。

在美国，人们都愿意选择寄宿学校，大部分国际学生也喜欢就读私立寄宿高中，他们选择寄宿中学原因主要有两点：第一，学校管理非常严格，自理能力和自控能力比较差的学生，能够得到比较多的管理和照顾，无论在学业上还是生活上都比较顺利；第二，因为中学生是未成年人，学校直接充当学生的监护人并提供在学习和生活方面的管理，无须在学校当地安排寄宿家庭和监护人及其他的后续管理。从费用上说，寄宿中学收费高昂，每年大概 3 万 ~5 万美元。美国只有 300 多所寄宿中学，通常被人称为贵族学校。

在美国，走读学校遍布全国各个社区，很多人选择走读学校主要是因为：第一，学校遍布各地，选择比较多，而且教育质量好的也很多；第二，走读和寄宿家庭的组合方式可帮助学生尽快提高英语能力并融入学校和美国生活；第三，学生拥有比较灵活的时间安排，在课外活动上有比较好的发展；第四，费用比较低廉，比寄宿学校平均低 1 万 ~2 万美元；第五，暑假期间安排比较灵活，可以继续留住在当地家庭。然而，寄宿学校暑期和重大节假日封校，学生必须另外作出安排。在其他因素上，走读学生需要做的就是寻找合适的寄宿家庭和监护人。

另外，还有多种选择可供学生参考：

（1）选择男女同校的学校/单纯的男校女校

单一性别学校和男女同校没有本质区别，只是会针对男性或女性的社会认知，增加一些性格塑造培养的课程，或者是因为家长“求得放心”的因素。您儿子如果进入男校，并不意味着远离女生，学校每周都会安排和邻近女校的联欢活动。

（2）选择宗教背景学校/非宗教背景的学校

在美国，许多学校都有基督教、天主教、路德教等宗教背景。虽然这些学校每周都会安排宗教课，甚至有一些宗教课还算作学分，然而很多学生并不是教徒。学校设立这些课的目的是通过这种课来启发学生如何能变成一个品德高尚的人。

（3）选择有 ESL 课程学校/无 ESL 课程学校

ESL 课程即非母语英语课程，目的是对英语能力不足者提供速成培训，为学生进入正式的专业课学习做准备。这类课程集中锻炼学生的听说和写作能力，同时了解美国文化和社会生活。如果学生能提供英语水平成绩或高中入学考试成绩，比如 TOEFL 或 SSAT 等分数，如果成绩优异，就无须参加此类课程。

（4）选择东部/中部/西部地区

美国的东部（新英格兰地区），在波士顿、费城、华盛顿这些更具有欧洲文化色彩的地方，是寄宿学校比较集中的地区。因为这些地方是欧洲最早的殖民地。西部地区，洛杉矶、圣弗朗西斯科，这些地区往往亚裔的比例比较大，有一些学校亚裔能占到一半多，多元文化的色彩会重一些。中部往往兼而有之，欧洲的文化色彩比较弱一些，民风淳朴。

对于想要留学的学生来说，美国无疑是最好的地方。美国的高等教育著称于世，拥有世界上最多的大学和最著名的大学，仅四年制的大学就有 4，000 多所，社区学院则多达 2，000多所。其中，常春藤联盟（Ivy League）是被世人青睐的最高学府。常春藤联盟由美国东北部的布朗大学（Brown University）、哥伦比亚大学（Columbia University）、康乃尔大学（Cornell University）、达特茅斯学院（Dartmouth College）、哈佛大学、宾州大学（Pennsylvania University）、普林斯顿大学（Princeton University）及耶鲁大学（Yale University）这八所大学组成，它们都是世界公认的世界一流大学。它们历史悠久，治学严谨，学术声誉高，学生品质好，因此常春藤联盟又时常作为顶尖名校的代名词。

其实，在常春藤联盟之外，美国还有一些非常优秀的私立综合性大学：加州理工学院、麻省理工学院、斯坦福大学、芝加哥大学、乔治城大学（Georgetown University）、杜克大学、圣路易斯的华盛顿大学、卡内基－梅隆大学、约翰霍普金斯大学、西北大学、纽约大学（New York University）、塔夫茨大学（Tufts University）、圣母大学（University of Notre Dame）和莱斯大学（Rice University）等。除此以外，美国的公立大学中也有许多实力很强的大学，比如：弗吉尼亚大学、加州大学伯克利分校、加州大学洛杉矶分校（University of California，Los Angeles）、伊利诺大学香槟分校、密西根大学安娜堡分校（University of Michigan－Ann Arbor）、北卡大学教堂山分校（University of North Carolina at Chapel Hill）和威斯康星大学麦迪森分校（University of Wisconsin－Madison）等。这些大学在学术声誉、教学品质和学生品质上都可以与常春藤盟校相媲美，某些方面甚至还有过之。

此外，一些富裕的美国家庭也经常把子女送到文理学院（Liberal Arts College）就读，这些学校入学要求高，但教育质量很高，由教授亲自教学。这些文理学院有：艾姆赫斯特学院、贝茨学院（Bates College）、鲍登学院（Bowdoin College）、卡尔顿学院（Carleton College）、克莱蒙麦肯纳学院（Claremont Mckenna College）、柯尔比学院（Colby College）、哈维玛德学院、明德学院（Middlebury College）、波莫纳学院、斯瓦斯默学院（Swarthmore College）、三一学院（Trinity College）、华盛顿李大学（Washington and Lee University）、威尔士利学院和威廉姆斯学院等。

美国的权威机构，每年都会对美国的大学进行评比，按照综合性大学、文理学院、地区性大学以及专业方向等作出不同的排名。不过不管怎么排名，在前200名的综合性大学都是品质相当不错的学校，它们也大都是世界级的优秀大学。

所以，在选择学校时，你要首先衡量自己的各方面条件、专业爱好和职业生涯发展，其次考虑学校的综合实力和专业排名、校友实力和评价、地理位置、学费和奖学金、毕业率和就业机会等。这样一来，你的选择才会更加符合实际需要。

孩子什么时候来美国留学比较合适？我个人认为最佳的留学时期有两个：

（1）在孩子刚会说话的时候，这时候家长可以把小孩送到美国，接受美国文化的熏陶，和美国小孩子站在同一条起跑线上，那样，不论在语言上，还是在其他方面，他们都不会输给本土的小孩子。不过这就需要家长付出一些牺牲和努力。

（2）大学毕业后来美国读研究生，这个时候，他们无论是思想上还是行为上都已经成熟，能够从容不迫地应付各种不同问题，也可以很好地完成学业和照顾自己，能够让家人放心。再加上他们在国内已经接受过高等教育，所以留学对他们来说意味着更进一步的学习，可以增长见识、拓宽知识面，也为以后的成功打下坚实的基础。

就正处于中学时期的孩子来说，我并不是很赞同在这一阶段到美国留学。因为这一时期的孩子正处于青春期，思想变化很大，容易头脑发热，欠缺耐性和抗压能力，甚至会迷失方向，如果说万一出现什么过失，那不就事与愿违了？还有一点就是这个年龄段的孩子，尽管他们在国内各个方面比较优秀，然而来美国之后，他们还是需要在短时间内补习看起来很普通但又迫在眉睫的课程，对孩子来说这样的学习基本上是从头再来。等渐渐适应美国的留学生活以后，想要考一个好大学，又是一波三折，难上加难。原因很简单，还是输在起跑线上。留学本来是一件风风光光的事情，最后却成为观光旅游，学习没有达到目标，当然如果有的家长满怀信心，能够找到值得信任，又对孩子负责的学校和监护人，提前留学也未必是一件坏事。而对于那些即将上大学而选择出国留学的同学来说，应当量体裁衣，万不可强求。当然也并不是说没有孩子能够通过这种磨难，不过只有少数才华横溢的孩子，才能够不负所望进入理想的常春藤名校。

总之，留学本身并不是坏事，它是为了你的孩子的发展，能够拓宽孩子的求知视野，增强孩子自身能力。即使这样，家长们也不可随波逐流，更不能故步自封，应该审时度势，量力而行，这样才能达到预期的目的。

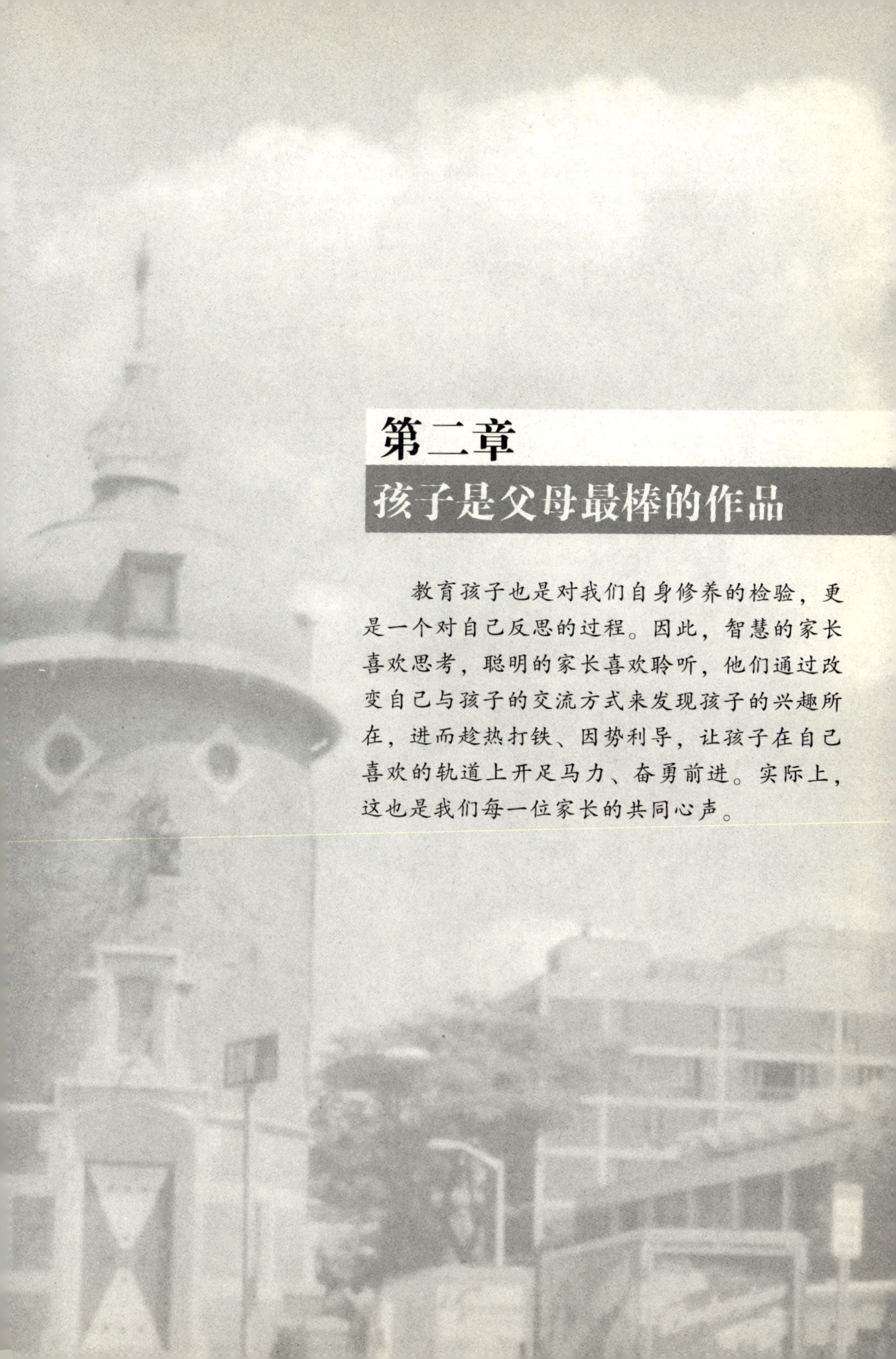

第二章

孩子是父母最棒的作品

教育孩子也是对我们自身修养的检验，更是一个对自己反思的过程。因此，智慧的家长喜欢思考，聪明的家长喜欢聆听，他们通过改变自己与孩子的交流方式来发现孩子的兴趣所在，进而趁热打铁、因势利导，让孩子在自己喜欢的轨道上开足马力、奋勇前进。实际上，这也是我们每一位家长的共同心声。

父母要深入孩子的内心世界

对父母来说，孩子的教育是他们的一门功课。当然，要教育好孩子，首先是我们要知道小孩子内心想的是什么？这样才能够游刃有余、应对自如。怎样才能知道孩子心里想什么呢？具体要从以下几点做起。

第一，和孩子交朋友，了解孩子的内心世界。

我们知道，有些小孩子不喜欢大人，这些小孩子为什么会这样呢？实际上，那些大人会让他们感到压抑，让孩子觉得没有共同的话题，所以孩子才不会接近他们。既然这样，那么我们做父母的就要懂得孩子的想法，去接近他们，与他们打成一片，让他们喜欢你，以至于无话不谈，这样我们才能够了解孩子的内心世界，更好地与孩子交流沟通，让孩子真正地听父母的话。这一点至关重要，是掌控小孩子的关键所在。

第二，赏罚分明，鼓励为主，不打压孩子的积极性。

当孩子做错事，或令人很不满意的时候，作为父母，首先要站在孩子的立场，去分析一下问题的原因，千万不要因为一点儿小的事情，就大声埋怨、大加责备，说“太笨”“不听话”等一些无助于解决问题的话，伤害孩子的自尊心。长此以往，就会使孩子感情压抑，让他们自暴自弃，甚至产生一些可怕的抑郁症、自闭症，等等。要是到了那个时候，父母后悔都来不及。其实，他们和我们一样都有很强的自尊心。喜欢听到来自老师、父母、小朋友的夸奖。喜欢把事情做对，做一个好孩子。

所以，作为家长，我们从来不要低估小孩子积极向上的热情，即使小孩子做错事情，也不要立即发表自己的看法，要多多倾听孩子的想法。然后耐心给孩子讲解什么是对的，什么是不对的，使孩子能够真正明白道理，快乐地接受教育，不要让孩子带着疑虑和阴影去做事情。另外，当孩子做对事情的时候，一定要及时鼓励夸奖。要常说“你很能干”“非常了不起”。这样才能激发孩子的积极性。千万不要讲“你不行”“别人比你强”等打击孩子自尊心的话。

第三，因势利导，循序渐进。

当你真正了解了自己的孩子，并最终和他交上好朋友之后，要多赞美他的长处，多陪他。这样有利于掌握他的思想动态，进而鼓励他去做一些他不大喜欢的事情。比如，为什么不喜欢上学？是不是有人欺负他？是不是老师讲的枯燥乏味？是不是自己尝试了几次仍然做不好，没有信心了？还是其他原因？总之，要对症下药。

第四，树立父母在孩子心目中的崇高形象。

《三字经》中说：“养不教，父之过。”的确，父母是孩子的第一任老师。所谓正人先正己，言传身教对孩子的将来影响非常大！要在孩子面前树立自己的高大形象，能够让孩子崇拜你，当然不要过分地“高大”，那样孩子对你过分的敬可能会产生怕，也不要过分地娇宠，这样对孩子又可能会失去管束的力度。古人云：“棒打出孝子，慈母多败儿。”对这点，我并不完全赞成。因为在现实生活中，我们看到，打出来的并不见得是孝子，宠爱的没有什么不好，当然宠爱并不是溺爱。凡事一定要去仔细分析，真正懂得其中的道理，掌握得体，赏罚分明才是最好的方法。

第五，孩子的教育不能过急，欲速则不达。

教育从娃娃抓起。如何从娃娃开始呢？我认为五岁以前应从思想教育入手，让孩子学习一些待人接物、积极向上的良好品行，没有必要让他们进行文化学习。因为孩子太小，他们需要有更多的时间去玩耍，在玩耍中学到新知识。我女儿小时候参加过很多课外学习，像跆拳道、跳舞之类的。开始的时候，我们也是随大流，看着别人都报名了，我们也就替女儿报名，可参加不久，女儿感到厌倦了，所以就没有继续下去。这时候，我也看出孩子在这方面可能没有天赋，也没有逼迫她继续学习，其实我所要求的就是她能够在玩的过程中学到感兴趣的东西。而我的儿子更是离谱，三岁半的时候，还在吃奶，5 岁时才上学，去的也是好玩的学校。他在那里慢慢地适应新环境，也结识了许多新朋友。之后他更加喜欢玩耍，也更加热爱生活，记得儿子每天去上学时都要背着一个大书包，里面没有一本书，都是玩具和小食品，一点儿压力也没有。其实，刚开始的时候，儿子也并不喜欢去，后来朋友多了，再加上我搞一些层出不穷的花样鼓励他去上学，慢慢地，他就非常喜欢去学校了！到六岁时，儿子上了学前班，他还是边学边玩，还总得到老师的表扬！到七岁时，儿子上了一年级，玩的时间也没有少，学的知识也多了点，并且兴趣很浓厚，已经适应学校的课程和环境。如果他一开始就不喜欢学校，做家长的也没有很好地引导他去学校，试想以后孩子会怎样呢？

第六，因材施教，不盲目崇尚小天才教育。

在美国，我有许多朋友，他们曾求学于中国最著名的大学，他们大多都从事教育事业。我曾问他们，你们最关心小孩子的是什么？他们的回答几乎都一致：孩子的健康成长，幸福快乐。在他们中间，没有人希望他们的孩子成为小天才，因为他们都知道这是一个奢望，更是对孩子幼小心灵的一种摧残。相反，他们希望看到的是孩子们天真无邪的笑脸，而不愿看到一个老气横秋的小老人。其实，大家都知道，天才除具有天赋外，还要靠勤奋，成功是需要加倍地刻苦努力才能达到的。他们不愿让还处在玩耍年龄的小孩子去完成父母自己都不能完成的事情，这样做是对孩子天性的一种泯灭。实际上，我们需要的是因势利导，顺其自然，让孩子在自由自在的生活中长大，这才是孩子健康成长的重要法宝。就我来说，在教育女儿的时候，我并没有好高骛远地让女儿做一些超出年龄的事情，也没有幻想女儿会成为天才，而只是盼望孩子将来身体健康，每天笑口常开，做一个堂堂正正的好人，一个对社会有用的普通人就行了。

第七，学习环境很重要。

一个人的成长环境对其将来的发展有着至关重要的影响，这对于小孩子来说尤为重要。我们经常看到，有一些父母为了给孩子创造一个良好的学习环境，不惜花重金把孩子送到一个比较有名的学府，希望孩子今后能够出类拔萃。然而，有的孩子不负所望，能让父母的理想成真；有的孩子却让父母大失所望。其实，仔细分析一下原因，我们就能看出，那些辜负父母的孩子并不是不努力，而是存在着一些不好的环境因素。比如，相互攀比。攀比谁家有钱，谁吃得好，住得好，穿得好，玩得好。再加上小孩子这时候的世界观还没有正确地树立，抵御不住物欲世界的诱惑，心思不一定放在学习上，结果造成了学生的学习不尽如人意。相反有一些名不见经传的学校却培养出了大批优秀人才，这是为什么呢？

原因不外乎是这些孩子思想单纯，有足够的学习兴趣，懂得为什么要好好学习。事实也证明，只要学校的环境不错，孩子的品德比较好，那样孩子成才的概率就大得多，我的不少朋友他们大多也来自农村，而我的女儿也是从来没有念过昂贵的私立学校，甚至连一些课外补习也没有参加过，不过懂事的她从小就养成了见贤思齐的美德，远离一些不好的环境。所以说父母一定要重视孩子的学习环境，不要让环境毁了孩子的一生。

第八，加强同学校老师的沟通，因为孩子最听老师的话。

没有人会反对“小孩子最听老师的了”这句话。有的孩子在父母面前、在家里顽劣不羁，但是一到学校、在老师的面前却变得非常守纪律、懂礼貌，这让不少家长大跌眼镜。这是怎么回事？其实这是因为父母不知道如何正确地教导孩子，一般的家长平时在孩子面前没有谨言慎行，时间一长，孩子就熟悉了父母的一言一行，知道自己作出什么样的事情，可预知什么样的结果，这样一来，父母就慢慢丧失家庭教育的主导地位。而在学校，孩子还处于支配地位，老师占据主导地位。比如，同样的一件事情，父母说出要求，孩子可能无动于衷，甚至消极抵触；老师说出，孩子的积极性就会空前高涨，想尽一切办法去做老师说的事情，甚至不惜动用自己的朋友、同学。所以，作为家长，要有耐心去引导，必要时要鼓励，慢慢矫正孩子的不良习惯，从而使得孩子积极向上、吃苦耐劳，并对学习新知识有非常高的求知欲望。

不要给孩子太大的压力

有一位朋友给我留言，说她家的小孩子只有五岁，可晚上却要写老师布置的 200 个拼音，要求家长督促，还要签名。儿子不愿意写，她就逼着写，因为自己也曾是父母逼出来的，可现在她看着儿子泪眼汪汪的样子，自己却很纠结，不知道如何是好。

针对这个问题，我也想说一说自己粗浅的认识。这位朋友的父母当初希望她能够上好学、读好书，将来可以光宗耀祖。所以，在这个大目标下，她的父母采用了一些极端的手段教育她，而不是从思想观念上去改变她。现在她仍然用老一套教育孩子，这样岂不是穿新鞋走老路吗？再进一步想，为什么她当年不喜欢读书，我觉得是怕了，为什么怕了呢？是因为承受了来自父母、学校、老师的巨大压力。当年她父母的那种教育方式让她感觉到压力、压抑，没有时间做自己喜欢的事，对学习失去了兴趣，这是一件很可怕的事情。

一个只有五岁的孩子，无论是从哪方面绝对无法同成人相比，可是他们所受的压力却远远超过我们，这样对孩子实行教育难道不是一种摧残吗？要是这样，这种望子成龙的爱不要也罢。一个正常的小孩子，要的是活泼可爱，多一些玩耍，从玩耍中学习，在学习中玩耍。这样，小孩子自然会建立起浓厚的求知欲望，这是从书本上学不到的知识！当孩子有了自信，任何事情都会迎刃而解。反之如果一个人没有了自信，他又能做成什么事情呢？因此，我认为过早地给孩子施加压力，就是在打击孩子的自信心，是在扼杀孩子的积极性。

我的太爷爷是个秀才，爷爷奶奶却从来没念过书；爷爷晚年得子，视若掌上明珠，培育出我的父亲——一个58届东北工学院优秀毕业生。我爸爸也一心望子成龙，结果却事与愿违，因为我也不喜欢在高压政策下好好学习，认真读书，最后选择了逃避。我参加工作以后，觉得不用再学习了，压力应该也少了许多，可这个时候我却蓦然间醒悟，深深体悟出“书到用时方恨少”的至理名言。所以在教育我的孩子时，我彻底改变了父亲的教育方式。结果，女儿非常优秀，儿子也不甘人后，对学习充满热情。我们做父母的还应该多看一些有关儿童心理学方面的书籍，以了解孩子们的内心世界，看一看孩子们究竟需要什么！设身处地多替孩子们想一想，千万不要因为学习上的事情吓到孩子。记住：学习上的灵丹妙药，其实有迹可循，但不是口若悬河、侃侃而谈，是真正脚踏实地正人正己。切记物极必反，学习好的孩子不是逼出来的。

要引导孩子学会认错

有一位朋友给我来信，信的内容大致如下：

我也不想给小儿压力，可是有时候就是会发飙（不由自主的，一股无名怒火从心底弥漫至四肢，直冲大脑），然后就是一声大喝。想让他自立吧，他就一副老大的样子，玩起来没个度，看电视，一屁股坐下来，能坐两小时，不带眨眼的，嘘嘘急了也憋着。现在是越大越不好管了，以前骗一骗，哄一哄，注意力转移了，就好了。现在固执己见，一副“不撞南墙不回头”的拧脾气（他明明是错的嘛，有眼睛的都看得到，就不认错，还瞪眼说他是对的），你说，这么小的孩子，他一点也不知道什么是对错呢，整天搞得跟没事人似的？另外，说归说，其实我们还是很宠爱他的，不过现在我觉得他已经自信过头了，什么东西问也不问一下，就开始干，呜呜，我气死了，家里的狗狗就是个搞破坏的，小孩子更是破坏大王，以前还是用小手掰掰，现在就已经上刀子、钳子啦。

看了这封信以后，我的心情久久不能平复。我很为她的真诚所感动，直言自己的困惑，说明她是一个心胸宽广的人，也是一位非常值得我尊敬的人。不过就孩子教育来说，我认为，首先，父母不能够常常在孩子面前发脾气，因为发脾气并不是解决问题的最好方式！常常发脾气不仅会暴露出父母的不够自信，而且还会让小孩子了解大人的行为规律，长此以往，父母会处于被动地位，孩子则变成主导地位。在这种情况下，请想一想我们小的时候是怎样同父母相处、沟通的。

经常的“雷霆教育”会让孩子习以为常，也会让他变得更加坚强。时间久了孩子就会满不在乎，更何况他可能并不知道错误出在哪里？再说父母也不一定能够掌握分寸，那么小的孩子在暴风雨式的教育面前，还能清醒地认识问题吗？我们家的小朋友也有犯错误的时候，那时候，我们会首先冷静地分析一下问题，看看是什么样的事情，然后再解决。

让孩子知道犯错不可怕，知错能改大人更喜欢他。比如，孩子不是有意边看电视边吃东西，她妈妈会先帮助清理好东西，然后对他说，你知道这是不好的吗？孩子会说知道了；当孩子认识了错误后，大人就要说，这一次没有关系；记住下一次可不行。看看妈妈多么辛苦，还要帮你清理。

大人和孩子都要察言观色。比如，小朋友正手中拿着饮料到处乱跑，玩得兴起。大人看到后警告过他，放下手中的杯子再玩。可是小朋友没有听话，饮料洒了，弄脏了沙发。大人非常生气，赶忙先清理沙发，同时一边适度地埋怨孩子的不听话。看看他是否知道错了，如果知道了，就不要再唠叨个没完没了，马上转移一个新的话题。不要让这件事放在孩子的心上。如果孩子还是没有认识到错误，也不要多说什么了，这时说了也是没用！可以有意地疏远他，让他知道因为他不知认错，大人不喜欢他了，只有认错大人才更加喜欢他。再如当小朋友非常倔强，仍然不知悔改时，妈妈会把他送进洗手间，让他自我反省，什么时候想好了再出来，有时他哭得很伤心，要多留意，看看是否知错了，如果是这样，马上让他出来，并告诉他妈妈也不想这样，以后要记住听话。

每一次处理完问题，一定让孩子高高兴兴的。作为父母一定要多倾听孩子的声音，不要打压孩子的积极性。当你认为小朋友是在搞破坏的时候，也可能正好是孩子积极创造的时候。要多鼓励让他去做，这样才能更加了解孩子的内心世界，便于今后的发展。比如，小孩子学着画画，没有画在图纸上，而是涂在刚刚漆过的墙壁上，或者是刚买来价值不菲的真皮沙发上。这时，我们要冷静地想一想如何教育孩子。我想事已至此，心疼恐怕是没有用了，那就应该首先表扬小孩子，赞许小朋友画的图案。虽然明知道画得不好，也要给他打气，加油！让他今后喜欢画画。其次是询问孩子为什么会画这个图案？要明白孩子的兴趣所在。教育孩子如果以后想要画，最好画在图纸上，告诉他画在纸上的好处，因为这样可以拿起到处走，可以随时看；也告诉他画在墙上的坏处。让小朋友高高兴兴地接受。相反如果我们把次序颠倒了，倘若一时头脑发热，一阵暴风骤雨，然后再让他去在图纸上画画，他会高兴地去做吗？所以同样的事情，处理的方式不同，对孩子将来的影响也自然不同。

多鼓励孩子，启发孩子的求知欲

有时候，我们在教育孩子的时候常常会束手无策，不明白应该怎么做才好。当孩子犯错误时，常会不问青红皂白劈头盖脸地一通训斥，把一件看起来非常简单的事情，搞成很复杂，让孩子不知所措，无所适从。在国内，我接触过很多所谓棒打出孝子的严格教育，在欧美又接触一些华人则是慈母败儿式的溺爱教育。其实，这两种方法都是不好的。如果将这两种方法很好地结合在一起，才是最好的。发明家爱迪生小时候，孵蛋的故事说明了他的妈妈深谙教育，并没有去责备淘气的孩子，而是从另一个角度正面引导孩子，启发孩子的求知欲望，这样一来，成就了一个举世闻名的发明大王。又如人类历史上最伟大的科学家爱因斯坦，他小时候非常愚笨，经常受到小朋友的讥讽嘲笑。在上小学的时候，有一次老师让每一个小朋友在家里制作一个小板凳带到学校，当所有的小朋友把精心制作的漂亮板凳拿出来时，都受到了老师的表扬。最后，老师走到爱因斯坦的面前说：你的板凳一定非常漂亮，在哪里？爱因斯坦羞涩地拿出自己糟糕的作品，结果引来了同学们的哄堂大笑。老师也嘲笑说：大家都来看，这是世界上最糟糕的板凳！当大家嘲笑过后，老师接着问爱因斯坦："我说得没有错吧？还有没有比这更糟糕的板凳呢？"爱因斯坦回答说："有。"说完从座位下拿出一个更为糟糕的板凳。同学们更是笑得前仰后合。此时的老师却没有再嘲笑，而是非常严肃地说："那还有没有比这更差的呢？"爱因斯坦回答说："有。在家里的前三个比这更差。"老师拉过爱因斯坦，高举起小板凳，对小朋友们说："同学们，你们看，这是世界上最漂亮的板凳！因为他已经尽最大的努力了。"说完小朋友们回报以热烈的掌声。其实这就是老师很巧妙的教育方式，假如老师听到爱因斯坦的回答无动于衷或是勃然大怒，定会影响爱因斯坦的心理，正是老师的鼓励让小爱因斯坦更加自信。

所以，到今天，棒打教育一直饱受诟病，也就是因为这种教育方式弊端太多，方法不当，打击了很多孩子的积极性，使孩子的精神承受很大压力，严重的可能会造成心灵上的伤害。当然，一味地迁就孩子的错误也是不行的，要让孩子知道，犯了错误就要勇于承担责任。由此可见，教育孩子一定要从小给他立下规矩，赏罚分明，让小孩子在健康的环境中茁壮成长。

早教不是多认几个生字

许多朋友一心望子成龙，盲目地随波逐流，追捧孩子的早期教育。更有甚者，有的年轻妈妈，在孕期就开始进行胎教。我不知道她们这样用心良苦的努力是否会有预期的结果，还是图个吉利。对此，我很想知道她们为什么要进行早期教育？早期教育最大的收获是什么？早期教育真的对孩子智力开发有举足轻重的帮助吗？我身边的朋友，有的对这种早期教育大加赞赏，有的却说这种教育毫无用处。

根据我的经验，那种死记硬背式的早期教育对孩子的智力开发丝毫没有帮助，所培养的孩子大多是缺少想象力，久而久之养成了喜欢模仿别人的习惯，没有自己独到的东西。不知不觉成为了山寨版，生活在别人的影子里。虽然他们可能是出口成章，说得头头是道，但是他们所掌握的实用生活知识却并不见得比那些没有啃多少书本的孩子知道得多。比如，有一个两岁的小孩子和一个六岁的小孩子在一起参加钢琴学习，不难看出前一个小孩子因为年龄太小，从理解上来说一定不如后者；而后者在相同的精力和时间上一定比前一个学习得更好掌握得更快。另外，孩子更早地接触枯燥乏味的知识以后，易于滋生逆反心理，产生逃避行为。有的孩子想要取悦家长或是想证明自己聪明，过早地接触与年龄不相称的知识，待人接物像个小老人，失去了天真无邪的本性，他们可能“太聪明”，与其他同龄的孩子在行为和思维上显得不合拍；即使他们的思维进入比较大的年龄段，但是这个年龄段的人们也同样无法接受他们的做法。结果，这些孩子的处境变得很尴尬。

其实，那些好玩好学的益智游戏对孩子今后的智力开发很有帮助，而且早期教育最应当做的应该是性格和品德的教育。每个孩子从小展现聪明的方式各不相同，家长只要能够培养孩子的学习兴趣，不搞揠苗助长式的教育，孩子将来一定会有所成就的。

另外，孩子的早期教育不一定需要家长有多高的文化知识，却一定要有正确的认识，能够把自己的想法言传身教给孩子，能够培养孩子良好的思想品德和坚忍不拔的生活态度。只要有了这些基础，那么在老师的谆谆教诲之下，学习文化知识就会感到很轻松。

在美国，也有早期教育，不过那是玩耍的教育。他们鼓励孩子多去玩耍，在玩耍中学习新的知识。老师也不会严格要求孩子，这一次做不好下一次慢慢来，在循序渐进中培养孩子对学习的热情和持之以恒的决心，尽量挖掘孩子的潜力，发挥孩子的想象力，培养孩子的创造力。刚开始的时候，您可能认为这样的教育是在浪费孩子的宝贵时间，没有让孩子取得学业上的高分。可是等孩子长大了，特别是上大学以后，您就会发现他们从小所培养的想象力，对他们的一生都很有帮助。

所以我认为幼儿的早期教育，应当是重点培养孩子好的品性和习惯，让小孩子学会正确的人生观。这样，一旦孩子养成了勤奋、上进的个性，奉行善行、好义的美德之后，再去学习那些应知应会的文化知识，就会事半功倍。如果孩子只会鹦鹉学舌，即使学富五车，而没有树立一个正确的人生观，那学再多的知识又顶什么用？这样的教育难道不是我们做家长的悲哀吗？

儿女的完美早教

我的儿子天真烂漫、活泼好动，自五岁起就开始进行了早期教育。这对我来说已经是很早了，可相比国内一些家长来说，我的早教不知道晚了多少年。我和夫人都坚信最初的早期教育不应该是啃书本，而是益智的玩耍游戏，要在玩耍中培养孩子的学习兴趣。像我一样，从小就能背许多的毛主席语录，因为我真的非常喜欢里面的许多语句，时至今日虽然是忘记的不少，但是记住的都是真正能够领悟的。而在当时我也硬着头皮背了很多唐诗宋词，如今用的少了，忘得也是一干二净。

夫人曾说，我们的孩子不搞什么天才教育，只要孩子快快乐乐的成长比什么都重要。这点我开始也是有点担心，因为本来想在儿子四岁的时候送他去学习绘画，因为我有一位朋友的孩子，也是在这个年龄开始学习绘画的，结果夫人极力反对，说是太早了。这个时期的孩子根本学不会什么，再说老师教起来也非常慢，最主要的是要看一看孩子是否愿意去。

这让我想起我的过去，自打我开始上学，就非常讨厌绘画。主要原因是我没有自信心，家里人都会画画，而且画得都那么好。所以，每当说起绘画，我就会望而却步。可是过了而立之年，因为工作的需要，我又接触上了绘画。这一次不比往日，我先是仔细地做了一番研究分析，以确立自信心，结果还可以，因为我有点画画的天赋，此后我信心倍增，日夜操练，没过多久，画起来就得心应手。现在想来的确如此，一个大人的理解能力比小孩子会强一些，学起来应该也是比较简单，当然也需要方法和努力。

最近，儿子报名参加跆拳道学习，夫人这回可没拦着，还举双手同意，她觉得可以锻炼身体增强体质。在跆拳道的班级里共有 30 多名小朋友，年龄在 4 ~ 8 岁之间，每周一节课，教半个招数，说穿了，其实就是老师领着大家玩耍。在练习的时候，儿子的一招一式做得有模有样，能够和儿子相比的只有一名八岁的孩子，因为整个班级只有他们两个可以听懂老师讲的话。其他的孩子都比较小，注意力也不太集中，根本不知道老师在教什么，做起来也就没有套路、样式。不过当老师带着孩子们跑步的时候，情况就不同了，所有的孩子都非常认真，争先恐后地围着老师跑起来，你追我赶，一个个气喘吁吁的，很是高兴。当进行到俯卧撑的时候，老师示范了几十回，可就是没有一个孩子可以照做的。所有的孩子都趴在地上爬来爬去，口中却数着 1、2、3。不过老师也不介意，他们都知道这个年龄的孩子没有进行过特殊训练，臂膀根本撑不起身体，与其强迫训练，不如把训练当成玩耍。

今日，我和夫人谈起了让儿子学习乐器的事情。夫人开始说很好，后来我们研究了一番，发现儿子喜欢震撼激情的爵士乐，也喜欢吉他，还喜欢有绅士风度的萨克斯。这时候，我就对夫人说：既然他喜欢这么多，无论是什么那就尽快学习吧。谁知道夫人不慌不忙地说：急什么，现在孩子还小，现在学也听不懂多少，害得老师也非常辛苦。如果孩子再大一些，他的理解能力更强一些，那样学习不是更省时间和精力？后来又给我说了一番大道理，我想想也是。既然有“前车之鉴”，当年女儿也是这样学的。所以，我们教育小孩子，就是靠这个秘密武器，不提倡让女儿也像其他小孩子那样，搞一些面子工程，而忽视了那些真正应知应会的生活知识。现在回想，如果我们能回到过去，一定会让女儿先学会一些生活中的人身安全知识，而不是去坐在那里死记硬背古诗词，毕竟在小孩子的时期，最好让她学会如何保护自己，这才是最重要的。如今儿子七岁就上二年级了，比起我当年九岁上学，不知道进步了多少，这也许是西方教育和东方教育轻重缓急不同的认识吧。

适当控制孩子的物质享受

俗话说：“大家出闺秀，豪门多纨绔。”说的就是环境对孩子的教育和未来的发展影响有多大。所有的小孩子都有一个显著的特点，那就是好奇心和占有欲。一个好的好奇心可以使小孩子不断学习，不断进步，进而茁壮成长，而一个不好的好奇心又可能使小孩子最终堕落，令人惋惜。同样的道理，让孩子有一个好的占有欲，也是小孩子健康成长必不可少的条件。相反，让孩子有一个贪婪的占有欲，往往会毁坏一个人的灵魂，甚至毁掉小孩子的大好前程。特别是在时下，社会到处充满了物欲横流的观念，对小孩子思想品德的教育就显得尤为重要，也更有挑战性。常言道：富不过三代。说的就是我们教育孩子不能不学无术、没有理想，也不能过分追求物质。其实，在现实中，吃苦耐劳的孩子比娇生惯养的孩子更容易出类拔萃，更懂得人情世故，也更加发愤图强。因为他们知道生活中的艰辛，懂得珍惜来之不易的生活。

在生活中，小孩子还处于不懂世事的阶段，就像一张洁白的画纸，很多事情需要我们家长来帮助他们逐渐认识，在上面涂画一生。如果我们教导有方，他们就会勤学上进，如果我们教子无方，不懂得节奏，一味地娇宠纵容孩子，这样再好的孩子也会养成狂傲和贪婪的恶习。

我们知道有一些电子游戏和电视，确实会让小孩子不能自拔，玩物丧志，浪费了许多精力和时间。导致认真学习的时候也会心不在焉，心猿意马，不能集中精力。适当限制小孩子的物质享受，并且有效控制着一些游戏式的电视节目，对小孩子的教育来说，不仅没有害处，反而使其受益无穷。面对纷纷扰扰的世界，涉世未深的小孩子怎么能够抵挡那些诱惑呢？别说他们，就是我们有时候也会犯下过失。所以，适当的时候让小孩子学会在逆境中生存，来锻炼他们的意志和忍耐，对他们很有用处。当然适可而止即行，不用太深入，那样会起到负面作用。

在教育女儿的时候，我们先让她从我们的生活中发现学习的兴趣，然后和她说清楚，正确掌握她想要学的东西，我们也适当地引导她去做，这样不仅有利无害，还能够起到正确的教育目的。如果我们采用遮遮掩掩、回避的方式，不仅于事无补，可能更会使得小孩子心理受到创伤而不愿意学习。

总之，贪得无厌是培养良好品质的大敌，脚踏实地才是教育小孩的灵丹妙药。究竟要给小孩子设定什么样的标准呢？虽说“仁者见仁，智者见智”，但我们绝不能好高骛远，跟别人家的孩子搞攀比；也不能拳脚相加式的棍棒教育，而应该循序渐进地加以正确引导，这样的话，小孩子一定会健健康康地成长起来。

教育孩子重在言传身教

有一个朋友给我讲述了这样一件事：他有四个孩子，三个女孩，一个男孩，男孩年龄最小，今年只有四岁。一家老小对他宠爱有加。还特别请了一个保姆专门照顾他。小家伙非常聪明，也很可爱，让爸爸妈妈喜欢得不得了。

可是有一天，这小男孩调皮起来了，爸爸有些生气地对孩子说："如果你再不听话，我就不爱你了！"谁知这个小家伙竟然脱口说道："你不爱我，我也不要你爱！"说完之后，就气冲冲地跑进房间，把自己关在里面。小家伙一闹腾，这可把爸爸吓坏了，爸爸就在外敲门，让他走出来。可是小孩子的脾气还挺大，仍然不肯出来，后来爸爸也着急了，就说："如果你再不出来，我就把你赶走了，永远不要再回来。"小家伙在房间也是不甘示弱地说道："如果你让我出去，我就把房子烧掉。"好家伙，人小，心可不小！这么僵持下去也不行，于是朋友非常无奈地工作去了。等到朋友再回来的时候，保姆拉着四岁大的儿子低着头站在爸爸的面前，对爸爸说道：“对不起。”看到这种情形，爸爸也就一笑了之，父子重归于好。

事情过去了好几天，可爸爸对儿子的那句话还是记忆犹新，觉得自己对孩子那么好，平常为孩子付出了巨大的牺牲，给了他最好的生活、学习条件，还特意买了带有游泳池的大房子。那孩子为什么会说出这样让人不寒而栗的话语呢？朋友问我是不是对孩子的教育出现了问题。毫无疑问，的确是他们的教育出现了问题。而问题不仅仅在孩子这一边，还在于父母的教育方式。首先不论孩子的对与错，先看一看作为爸爸做得是否合理，发现爸爸头脑一时发热，不假思索就脱口而出的话，深深伤害了小孩子积极向上的自尊心，父亲说的话太伤人，对孩子的自尊造成了伤害，以致矛盾激化。其实，想来，他只是一个孩子，你已经是个成年人了。你急于寻找孩子的问题出现在哪里，却没有发现根本的问题，反而使得两人之间产生矛盾。其实，家长在孩子面前的一言一行、一举一动，都将深深地影响孩子今后的成长。

众所周知，小孩子的成长离不开爸爸妈妈，作为父母，他们可以随心所欲地画出自己认为的蓝图，也可以任凭孩子为所欲为，更有可能给孩子的一生留下遗憾。聪明的朋友们，我想您此时一定也知道了解决问题的方法。在与那位朋友促膝长谈之后，朋友豁然开朗地笑着对我说：听您这么一说，我已经找到了答案。

当今社会，很多人会把“父母是孩子最好的老师”这句话经常挂在嘴边，却很少有人去仔细体会其中的含义。小孩子能够说出什么样的话来，跟他的父母有着直接的关系，父母教导得好，那就皆大欢喜；父母教导得不好，那也只好自食其果。现在，孩子还小，父母不必对于童言有太多的苛求。因为四岁的孩子现在只不过是随便说说而已。实际上他也不知道把房子烧掉的后果是什么。

回过头来再说小孩子的错误所在，年仅四岁的小孩子能够说出语惊四座的话语，足以让家长蓦然惊醒。家长如果不能够正确对待这个问题，而只是装聋作哑，听之任之，那么长此以往，这样的放任自流只会害了孩子！所以对孩子的督导千万不能掉以轻心。试想一个四岁的孩子都能说出这样的话，十年之后，待他羽翼丰满以后，仍然延续现行的教育，指不定他又会做出什么样的事情？那时你还能管教好吗？所以现在适当的管教还是必需的，而且很必要。

许多的事情要一分为二地去看，不能一概而论，一棍子打死。也就是不能一味盲目顺从，也不能过度体罚；要认清是非，赏罚分明。当孩子做对、做好一件事情以后，一定要及时鼓励，给他加油！当孩子做错事情以后，也要让他能够及时深刻反省，巧妙帮助他认识并改正错误。其实，这才是一个父母应尽的职责。当然，作为家长，为了应对新老问题，我们也要不断学习；在教育孩子的同时，自己从中吸取经验和教训；及时修补教育的方式，这样才能培养出忠孝两全、德才兼备，健康可爱的好孩子。

我们常常说的用孩子的思维方式同孩子沟通，不是一句口号，也不是一成不变的。“哄”就是一个跟孩子沟通的好方式，我们要学会哄孩子，就是通过哄让他学好！朋友颇为感激地说道：谢谢您的忠告，我这是上梁不正下梁歪呀。最后，朋友问道：John，如果是您该会怎么做呢？我不假思索地回答他，如果是我绝不会一错再错；即使一开始我说错了话，也不会继续像小孩子一样疯言疯语，说一些不着边际怄气的话。当孩子把自己关进房间以后，我不会继续打扰他；我会让他进行深刻反省。当孩子自己走出来以后，我也不会立即去质询他，让他难堪。我会和他保持距离，让他感觉到如果不认错，我会真的生气。这时候，小孩子就会悔改，那时我会立即同他和好如初，不再谈起这件事情，给孩子一个好的心情。也让他体察到知错能改的好处！更让他明白，老爸也不是一个心胸狭窄、小肚鸡肠的人，这不是更好吗？我这样做，同样能够起到教育的目的，也可以让孩子的自信和自尊变得坚强，更加深了父子亲情的良性沟通。

如果您能够时常站在不同角度思考，全方面地了解您的宝宝，按照正确的人生观去教导孩子，那么我相信您的孩子一定会成为德才兼备的优秀人才。

与儿女一起面对内心强大的“敌人”

大约在半年前，儿子对夫人说：“妈妈，校车上有敌人。”于是夫人大惊失色地追问儿子，敌人在哪里？究竟谁是敌人？儿子却一直支支吾吾，始终不肯说出，这家伙把夫人急得寝食难安。于是，出于担心儿子的安全，夫人每时每刻都在观察孩子的变化，隔了一段时间，发现儿子依旧如初。时间久了，夫人觉得这件事情也没有什么，就不了了之了。

事隔半年，儿子开始上小学二年级。开学的一大早，夫人就把儿子打扮得整洁一新，送上了校车，亲眼看着儿子高高兴兴地上学。午后，儿子终于放学回来了，显得非常高兴，从一下校车就有说有笑非常开心，还不时地唱着歌哼着小曲。眼见如此，夫人也是激动万分，为儿子喜欢上学而感到自豪，并不时地问长问短，了解头一天儿子在学校里发生的情况。儿子呢，回答很是可爱，并讲了一些令人发笑的趣事。最后，儿子非常神秘地对夫人说：“妈妈，今天敌人没有来，他以后不坐校车了。”天呀！怎么又是敌人？这是什么情况？夫人赶忙不失时机地想从儿子的口中知道究竟谁是敌人？这一次高兴之余的儿子表现非常乖，如实说出了有关敌人的事情。

原来在半年前的一天，一个大男孩和儿子一起乘坐校车，在车上那个小家伙握着拳头在儿子的眼前晃来晃去，并且说了一些侮辱儿子的脏话，让儿子感到非常气愤。于是，每次在校车上见到这个大男孩后，儿子都会充满敌意，时间一长，就把他视为自己的敌人！原来是这么回事，知道了事情的来龙去脉，夫人关切地问儿子，那个敌人有没有打你？儿子回答说没有。夫人又问：那你害怕不害怕呢？儿子回答说：我不怕他！如果他来打我，我就打他。一听到这里，夫人赶忙对孩子说，如果那个小家伙要打你或者是骂你，你不要同他打架，要及时向校车司机和学校的老师汇报；另外，你以后在外面无论遇到什么样的事情，都要及时对妈妈说，好吗？儿子爽快地答道“好！”到晚上，夫人把这件事告诉了我，我也非常赞赏内人的做法，并风趣地说：还好儿子在学校有一些喜欢的小朋友，不然哪儿还有好心情去上学。

记得我的女儿刚来时，那年，她九岁，刚上四年级，英文水平特别糟糕。常常被一个欠教养的小男孩讥笑。在那一年学期毕业的时候，老师安排同学们合影留念，恰好此时，女儿去了卫生间，没有赶上拍照。当女儿回来时，老师发现漏掉了人。就通知大家回来重新照一次，结果，就引起那个小男孩的不满。拍照结束以后，小男孩竟然找上门来，非常认真地对女儿说：都是因为你，害得我们又重新照了一次；都是你不好，你快滚回中国吧！我们不喜欢你。真是恶语伤人。一番话让女儿痛哭流涕，没过多久，这件事就让老师知道了，老师赶忙问女儿到底发生了什么事情；女儿只好如实相告。老师大吃一惊，立即找到那个小男孩，问他到底怎么回事？小男孩非常诚实地把之前说的话重复了一遍。最后那个小男孩在老师的面前向女儿道歉说："对不起，请你原谅！以后再也不会这样了。"

女儿放学回到家里以后，把这件事告诉了夫人。听后，我们也是火冒三丈，正待发作时，老师的电话打来了：代表学校向我们道歉，并说学校已经通知了小男孩的家长，让他们严加管教孩子，下不为例。毕竟学校不想把高危险的孩子放在校园，担心引起恐慌和麻烦。事后，我把这件事告诉了好朋友，希望他们引以为戒，这些朋友知道后也是非常生气！有的不肯善罢甘休，一定要我们去学校告他种族歧视，让学校开除他。我和夫人经过了深思熟虑的认真分析认为，学校处理得已经很好了，他毕竟还是一个只有九岁的孩子。给他扣上这么大的一顶帽子，恐怕他也戴不起。再加上他又不是白人，要说种族，以前他们还是奴隶呢！这样对小孩子来说都不好。还是息事宁人好一些，俗语说：得饶人处且饶人！更何况种族歧视是要有许多证据，不是乱扣帽子的。之后，我们就很快地忘记了这件事。

让我们始料未及的是，十多年以后，儿子的敌人也出现了，这让我们不得不重新面对家教的问题。说句实话，这是一个可大可小的话题，小则一笑了之，大则可以借题发挥。如果不能够有效地制止，长此下去，会影响孩子的心理健康，给孩子今后的心灵深处留下阴影，进而影响他的学业！还有，不对他们还以颜色，他们以后会不会更加得寸进尺，捅出更大的娄子。但是，如果以牙还牙的做法影响到了孩子，是不是在教坏自己的孩子呢？这样岂不是偷鸡不成蚀把米，更加得不偿失！

我想，面对这一个问题，既不可以小题大做，搞得沸沸扬扬；也不可以视而不见，更不可以强行出头，纵容孩子以身试法，真到那时候，后悔都来不及！还是培养孩子谦和、礼让的品德吧，这些美德并不是畏首畏尾，而是发自内心的一种尊重。谁会希望自己的孩子今后成为气焰嚣张、善恶不分的害群之马呢？又有谁不想自己的孩子将来遇事从容不迫，性格热情奔放，刚正不阿，品行端正，德才兼备呢？当然这一切的形成是和父母平常的言传身教密不可分的！让我们和孩子一起并肩作战，去面对前进中的艰难险阻，并战胜这个强大却并不可怕的敌人。

鼓励孩子拥抱外面的世界

暑期临近结束，美国各地的学校都陆陆续续地开学了，女儿也要乘飞机去波士顿学校。今天，我们一家送女儿去了飞机场，在候机厅临行的时候，儿子哭得非常伤心，拉着姐姐的手依依不舍。眼看着飞机在蓝天翱翔，儿子没有流露出平时的喜悦心情，相反仍然站在那里伤心地抽泣。夫人语重心长地对儿子说：“别哭了，等你长大以后也要像姐姐一样坐着飞机去上学。到时候爸爸妈妈也来送你。”谁知儿子哭着说：“我不想上大学。”夫人哭笑不得，继续问道：“那你要做什么呢？”儿子哭着说道：“我哪里也不想去，就待在家里。”

听到他们的对话后，我惊讶不已，感触良多，他们姐弟情深，儿子依依不舍在所难免。可是他现在是否有了不喜欢去接触外面世界的想法，这倒让我警觉起来！我一定要搞明白是真是假，如果是假的，我们大可一笑了之。如果是真的，那么就是我们平时所做的工作还没有到位，需要我们找到解决问题的好方法。要不然对儿子的良苦用心，岂不是“竹篮打水一场空”吗？最后果不其然，我们知道儿子内心的真实想法，也知道他这样说是气话。儿子比较害羞，所以，我给儿子写了一封信：

我的儿子！你就像那在阳光雨露哺育下，茁壮成长的一棵弱不禁风的幼苗；不经历风雨的洗礼，又怎么能看见天空五彩缤纷的彩虹！为了让明天灿烂的笑容常挂脸上永不退落，那么现在就让那狂风暴雨来得更猛烈一些！锻炼我们不屈不挠勇往直前的意志，使你变得更加坚强！

我的天使！其实你并不孤单，我就是那一直守护在你身旁，不辞劳苦、辛勤耕耘的园丁。为了让你枝繁叶茂，日后能长成参天大树，我情愿付出所有！展翅腾飞吧！我的爱子，施展出你才华横溢的画笔，描绘出更加耀眼夺目的人生，点缀亮丽完美的生命！当有一天荣耀的冠冕为你戴上的那一刻，我和你一样将会陶醉在喜乐温馨的幸福海洋！

记住：我会在一路上陪着你默默地走下去。

陪孩子学中文其乐融融

儿子出生在国外，学习中文就跟国内的孩子学习外语一样，苦不堪言。他也不像姐姐那样，不需要我们的提醒，就能够自觉地完成学习任务。如此一来，夫人就要承担起一件重要的任务，就是陪着孩子学中文。然而，美国是一个移民国家，在我们的身边，能够流利地说几种语言的大有人在，这并不是什么新鲜的事情。看着身边的孩子们熟练地说着双语，我们更是不敢掉以轻心。毕竟自己是中国人，让儿子学习中文天经地义，而且感觉学习中文应该轻车熟路，比较容易。其实目的也是让孩子多学一门技艺，今后，就可以更好地为社会服务。

可是，儿子的性格活泼，让他老老实实地坐下来认真学中文，可不是一件容易的事情。为此，夫人操了不少心，伤了不少脑筋，所幸的是哄孩子是夫人的拿手好戏，通过玩乐学习、恩威并施、赏罚分明等一系列方式，把儿子哄得团团转，言听计从。有了这样好的开始，接下来就需要用耐心让孩子感受到学习是一件很重要的事情，绝对不可以马马虎虎、敷衍了事，否则妈妈一定不高兴。在这个过程中，培养孩子的学习兴趣就显得特别重要，跟孩子说好，写对一笔一画都要及时鼓励，学会了的知识，让他巩固再接再厉。如果孩子没有做好，切不可操之过急。一定要耐心地让他回到正常的学习轨道上。而且，环境对孩子的学习至关重要！在一个没有外界干扰的环境中学习，远比在一个声音嘈杂的环境中学习见效更快。这是不争的事实！温馨清静的学习环境，可以使小孩子的注意力更加集中，免得左顾右盼、分散学习精力。可是孩子毕竟是孩子，他们的克制力是有限的，怎么可以坐在那里一动不动地啃书本？所以当孩子的注意力过度分散的时候，就不要继续强迫孩子学习。要给孩子一点儿时间，让他轻松一下。这时强迫孩子继续学习，可能就会让孩子从心底里反感，产生抵触学习的情绪，在这个时候他可能什么东西都学不进去。正所谓：心急吃不了热豆腐。夫人就是很聪明，在这个时候，她一定会让儿子轻松一下，调整一下枯燥的学习气氛，让儿子从紧张的学习中暂时解脱出来，缓解学习压力，然后轻装上阵。实际上，学习是一件苦差事，特别是对学习没有兴趣甚至反感的孩子，所以，培养学习兴趣是成功的关键基础。而制订孩子的学习计划更是关键基础的保证！

我们认为劳逸结合是保证学习效果的关键。在玩耍中学习，在学习中玩耍，就会让孩子对新生事物产生浓厚的兴趣。何乐而不为呢？儿子在夫人的调教下，孜孜不倦地用功学习，夫人也不会强加压力给他，免得他从小就担忧躲避，害怕学习，甚至失去童年的快乐，失去对未来的信心。所以，对孩子信心的培养十分重要！如果一个人没有了自信心，那将是一件非常可怕的事情，他将来能够做好什么呢？

在学习中，儿子有时做得不错，得到夫人的奖赏，也表现出很骄傲的样子。当然，我们从来不去打击他的积极性。现实中，又有谁不喜欢听好话呢？儿子也是如此，也就没有什么奇怪的地方，只要把握得体适度，其实也是一件好事情。不过，在适当的时间，加以辅导改正就可以了，做到不盲目地一味迁就。因为这样会影响孩子的性格，孩子长大以后，心里就受不了一点点的批评和委屈，甚至气势凌人。其实，这些都不是我们所期待的。我们希望他是一个身体健康，有理想，有爱心，德才兼备，品学兼优的好孩子！

任何事情做久了，都会感到枯燥乏味，学习也是这样，如果能够把这种消极的情绪转化成积极的动力。比如，学习应当从言简意赅，比较生动有趣的地方开始，这样子无疑会提高孩子求知的兴趣。我想，任何一堂课，如果都能够从故事的角度去讲述，相信孩子学习起来必然兴致高昂，记忆也更加深刻，理解起来也更加容易。所以，只要我们多下一些功夫，多深入了解孩子的想法和提升我们的教育方式，就一定能够帮助孩子建立对学习的热情。

孩子的学习是一件循序渐进的工作，不能操之过急。只要我们一起努力，找到正确的学习方式。相信孩子的明天就会更加美好！

及时开启孩子的兴趣

傍晚，回到家里，我还没有坐下来，儿子就风风火火地跑过来，亲热地问这问那，让我略显疲惫的身心轻松不少。而后，儿子拉住我的手说：爸爸，我们一起去楼下看跳舞。跳舞？跳什么舞？我一头雾水。但又实在不忍心扫了儿子的兴头，就和儿子一块来到楼下的客厅，看看儿子葫芦里究竟装的什么药。

儿子先是把电视关掉，然后熟练地把音响打开，之后，非常神秘地看着我，羞涩地露出笑脸，大声对我说：爸爸您看。话音刚落，他就一转身趴在地毯上，跟着震耳欲聋的音乐声，在地毯上前翻后爬滚来滚去，好一阵折腾。天呀！这就是儿子口中说的跳舞。今天我算真正明白还有这种跳舞，不过我确实为儿子的激情表演所震撼。虽然舞姿不够精湛，但是在我的眼里确实完美无缺。我坐在沙发上，看着儿子不知疲惫地表演每一个毫不相干的动作，尽管儿子跳的是上气不接下气，汗流浃背，他却丝毫没有停止的意思，我更是激动不已，也情不自禁地为儿子鼓掌加油。

音乐还在疯狂的隆隆声中继续，可是儿子的舞蹈却越跳越慢，最后儿子终于撑不住了，累得气喘吁吁，趴在地毯上了。我急忙跑过去，坐在儿子的身边，心疼地问儿子累不累？这个带点倔强味道的小家伙毫不犹豫地回答说：不累。我又接着问儿子，这么好的舞技，你是从哪里学来的？儿子回答说，他是自学的，他还要学习用头顶着地，支撑身体旋转的舞技，等等。我被儿子这种勤学上进的热情深深感动了。又是一个无师自通！

我为天生聪明的儿子自豪。记得很早以前，儿子玩电子游戏机的时候也是这样，没有人刻意去教他。而他也只是看了几眼，就在一旁边琢磨边玩耍，说来奇怪，儿子就连那说明书也不曾看过一眼，最后那两只小手却是运用自如，飞快地敲打着键盘。玩得兴致盎然的时候，用废寝忘食形容实不为过。于是，没过多久，儿子就成了我们家中的电玩高手。对此一窍不通的我和夫人也不由得感慨万分。

后来，我百思不得其解，问问夫人，你说儿子连一个字都不认识，怎么玩起游戏来却那么出神入化呢？好像自己已经知道怎么玩呢？夫人调皮地说，儿子聪明是像妈妈，如果是像爸爸那就没戏了！我一时无语。心里却是美滋滋的，青出于蓝而胜于蓝，这不是我所祈求的吗？最后，我终于知道了引导兴趣的自发性学习，远比硬着头皮灌输的学习方式奏效。

孩子也是父母的好老师

临近美国一年当中的重要的节日感恩节，大家也都忙碌着给远方的朋友写贺卡、邮寄礼物。我们一家也不例外，很早就给狗狗准备好了礼物，也给女儿买好了礼物。剩下的就是儿子的了，不过现在还没有想好给儿子买什么，别看儿子还小，可是他很会撒娇，更会讨价还价。而夫人又很宠他，所以，每次都得找个完美的理由来满足儿子。

就这样，在思索和选择中，我们给儿子买好了生日礼物。可是，感恩节的礼物却迟迟没有选好。为了让儿子过一个快乐的节日，我试探性地问小家伙，究竟喜欢什么样的礼物？儿子不假思索地回答：他想要一台苹果平板电脑，因为他的许多同学都有，所以他也想有一台用来玩游戏。

知道了儿子的心思，我接着对儿子说：如果有了一台电脑，你会不会拿它用来学习呢？儿子回答道，如果可以的话，他当然会用来学习。我听到后非常高兴，就进一步说：当然可以用来学习了，而且还可以从国外的网站上下载许多电影和音乐等。比如，在美国还没有上映的电影，我们也可以先睹为快，儿子惊喜道：原来有这么好。是的，我肯定地回答，这样我们还可以省很多钱，再也不用买 DVD 影碟了。儿子迷惑地问道：我的朋友是不是也可以这样？我不假思索地回答：不可以。因为他们不懂中文，看不了山寨版。什么是山寨版呢？儿子不解地问道。我神神秘秘地说：就是盗版货。儿子聚精会神地听我得意扬扬地神侃，突然对我说道："爸爸，我不要了！"我一脸的惊讶，赶忙刨根问底儿，有点儿担心地说：究竟是为什么？开始，儿子遮掩着只说现在不喜欢了。

那我想，总得有个理由呀。我知道，儿子一定另有隐情，在我的追问下，儿子才说出原委。原来他是担心，如果让他的同学知道了他使用盗版货，大家会嘲笑他，因为这跟偷盗没有太大的区别。听儿子这一番话，我如大梦初醒，再也不能故作镇静了。想不到一个乳臭未干、小小顽童的觉悟，竟然比起我这个大人还要高，真是羞愧难当。想想以前，再看看现在，我发现自己的思想落伍了，快跟不上时代了。

以前，女儿也说过类似的话。不过，那是十多年前的事了。当时，我带着女儿去教会，被教会花园中的玫瑰花给吸引住了，我以前从未见到如此多的花，所以，我在那里看了很久，脑海中一直有个贪婪的欲望：等到四下无人的时候，一定要剪几枝回去，插在我的床头窗台，岂不美哉！这时候，女儿走过来，问我在干什么？我告诉了她我的想法，谁知道女儿一脸不屑地转身就走，后来，她就把这事告诉了夫人，夫人知道后，劈头盖脸地数落我一顿：“John，你自己丢人现眼还嫌不够吗？难道还要教坏孩子吗?”最后，我知道我犯了严重的错误。实际上，父母就是孩子的最好榜样，上梁不正下梁怎么会正呢？从那以后，我收敛许多！尽力给孩子做个好榜样。

时光飞逝，把女儿送到大学之后，原以为儿子还小，就没有多想，我的思想也就放松了下来，谁知今天又犯了错误，还让儿子给上了一堂课。说句心里话，诚实太重要了！回想当年，我们背井离乡，远渡重洋，来到异国他乡，那时的生活虽说并不富裕，然而我们却并不害怕，硬是靠着吃苦耐劳、勤学上进在美国打拼了一片天地，也受到了大家的尊敬，心中常有某种自豪感。

父母要做好孩子的旁观者

也许是我的粗心大意，也许是我一直以来总把儿子看成弱不禁风，就像把一只可爱的小猫咪放在温暖的怀抱里。然而今天发生的一件事让我对儿子另眼相看，不得不让我重新去认识我的宝贝。

夏洛特维尔是弗吉尼亚大学的所在地，夫人正好是这所学校的义务工作者，儿子也在这里上学。这里的中文学校每年都会有30多名学生，他们的父母大多是来自中国大学的学者和研究生。夫人的工作就是帮助学校的老师看管好这些小顽童，让他们平平安安地来，高高兴兴地走，不能出现丝毫的差错。

来到这儿的小朋友大多数都非常喜欢学校，我分析了一下，主要原因是他们每个星期都可以跟要好的朋友在这里见面、玩耍。而真正在这里学习的学生真可谓寥寥可数。可是做父母的就不会这样想，每个星期他们都会带宝贝来到这里寻找最合适的学习方式。可是孩子们在课堂上总是天真活泼、无拘无束地玩耍，看不到一点儿他们想要学习的迹象，教室对他们来说更像是一个游乐场。我的儿子也是一样。

每当课休的时间，小朋友们就像是脱缰的野马，迫不及待地冲出教室，疯玩在一起。看到这一切，在外等候的每位家长都笑逐颜开。这时，夫人发现儿子跑到了一个高年级男孩子的面前，使劲地撞在了男孩子的身上。男孩子比我儿子高出一头，他没有恼怒，而是非常有礼貌地不理会儿子。只有被撞急了，他才用手推开儿子的身体。可是不知道什么原因，儿子还在继续撞向男孩。眼见如此，夫人急忙跑过去，拉住儿子，并问道，你为什么要撞他。儿子说我要报仇。

夫人继续追问，才知道原因。原来是在上周万圣节的时候，当时，许多小朋友都在化装中玩耍，儿子打扮成可爱的超人，不曾想帽子被装扮成蝙蝠侠的男孩子无意中撞坏。因为当时玩得兴起，一时没在意，因此男孩子也没有向儿子道歉。回来以后，当儿子发现头盔受损后大为恼火，认为男孩子是故意把自己的头盔撞坏的。过了好久，儿子仍然对那个男孩的行为耿耿于怀，今天正好借着这个机会找男孩报复。知道了这个事情的来龙去脉后，夫人及时教育了儿子，儿子后来也知道自己做得不好，就向那个男孩表达了歉意，最后这两个小家伙就成了好朋友。看到他们充满童趣、可爱的脸庞，我想他们这样，才是快乐幸福的。

这件事过后，我的心里喜忧参半，喜的是看着儿子慢慢长大了，也懂事了一些，变得更加坚强，起初我还担心儿子感情脆弱，将来会很胆小、怕事，现在看来我真是杞人忧天，自寻烦恼。不过也有让我头疼的，毕竟打架不是一件好事。俗话说：君子动口不动手。古人教给我们的不是争强好斗，应当慈悲为怀，得饶人处且饶人。为了一件鸡毛蒜皮的小事，儿子居然念念不忘。自古以来，小肚鸡肠的人不会有大的作为，现在该是我们和儿子一起去寻找人生正确方向的时候了。

要保护孩子的隐私

儿子学习写日志已经有三个多月了，究竟写的是什么，我们都不得而知。只是每次写好以后，儿子才会告诉我们一点儿而已。儿子的爱好很多，不是画上一幅小画，就是写上几行心情日志。其实，无论儿子写的或画的是什么都不重要，重要的就是只要他自己喜欢，并且能够坚持下去就行了。当然说到儿子的坚持，还得说说夫人，要是没有夫人的努力，儿子也不会这么有耐心写日志。

万事开头难，刚开始，儿子也是心浮气躁，一会儿心不在焉、左顾右盼，一会儿无精打采、魂不守舍，就是不能安安静静地多坐一会儿。那副样子，我们看了都于心不忍。没办法，再怎么着也得让孩子学会写东西啊！于是夫人就想方设法引导孩子，她每次都会用温柔的话语鼓励儿子，激发儿子学习的兴趣和热情。让儿子打起精神，竭尽全力完成自己的“大作”，你还别说，夫人这法子还真奏效，每次大功告成之后，我们都会聚精会神地听儿子讲述他的故事。即使我们没有亲历，但能分享孩子的故事，这已经令人高兴了。其实，每一个人都有自己的隐私，小孩子也是如此。他们也有自尊自爱，不想让别人赤裸裸地看见自己的内心世界，成为讥笑讽刺的话柄。他们同样需要善意的掩饰。在此之前，儿子和夫人有一个君子协议，就是保护日志的隐私权。无论儿子写的什么，未经许可，任何人都不能查阅。当然也包括我。

尊重儿子的隐私，他学习的热情一天比一天高涨。现在想来，正因为我们信守对儿子的承诺，他才对我们加以信任和尊敬。一个小孩子尚且懂得遵守承诺，作为成年人，我们还有什么不能遵守的呢？所以，为了这个承诺，我们会义无反顾地进行下去。

儿子从寂寞中寻找快乐

儿子在国外出生，比女儿小 13 岁，一生下来，他就只能看到我们这几个人，不像当年女儿所处的环境。女儿是在国内出生的，那时候周围有很多长辈和亲朋好友，给予了她很多关心和爱护。每天，大家都争来抢去地要领她玩耍，犹如掌上明珠，一点儿也不显得孤单寂寞，比儿子要幸福不少。有过这样经历的朋友都知道，这种寂寞其实很难受，更容易使小孩子患上自闭症。不过幸运的是夫人教导有方，现在，看不出儿子有丝毫的自闭性。看到儿子在这种环境下，性格开朗、活泼聪明，我们彻底放心了。

美国法律明确规定，年龄在 12 岁以下的小孩子不可以独自待在家里，必须有大人陪伴，否则家长就要承担法律责任。也就是说，12 岁以下的小孩子，如果没有大人陪着，就哪里也不能去，当然也不能和其他的小孩子一起去玩耍。即使要去小朋友家里玩，事前也要征得对方家长的同意，倘若出现差错，他们的家长要承担监护责任。因此，小孩子在美国一般不会随便串门。儿子也是如此，平常和他妈妈几乎是形影不离。虽然他非常渴望和其他的好朋友在一起玩，却也无可奈何。

即便如此，儿子还是从来都没有什么怨言，在他的日常生活里，放学后，回到家里还得学习一个小时，才能看半个小时的电视。闲的时候，不是围着夫人转来转去，就是独自一个人在房间弄玩具，做些拆下来装好再拆下来装好的无聊事情，在这种枯燥的游戏中寻找乐趣。比起国内的有些孩子，他不知道要多悲哀。

当然，他在逆境中学会坚强不屈，这可比身处一帆风顺环境的孩子更令人骄傲。尽管他会遇到这样那样的困难，但是我们坚信，儿子的未来不是梦。

圣诞老人给了儿子礼物

圣诞节的前一天，儿子忙得不亦乐乎，一会儿精心准备圣诞礼物，一会儿兴高采烈地装饰房间的圣诞挂饰。到了夜深的时候，儿子竟然没有睡意，一个人静静地坐在自己房间里的圣诞树旁边，耐心等待圣诞老人的光临。看到这种情形，夫人耐心地对儿子说："儿子，现在时间太晚了，需要休息，等你睡着了以后，圣诞老人才会光临，给你送圣诞礼物。"儿子睁着大大的眼睛，点了点头，又检查了送给圣诞老人的礼物：一杯牛奶和一盒巧克力，这才安然入睡。

第二天一大早，儿子起床后，发现昨晚送给圣诞老人的牛奶和巧克力还在圣诞树下，心里有些失望。他又检查挂在树上的红色圣诞袜子，发现里面有自己最喜欢的电动牙刷，知道圣诞老人已经来过了。儿子高兴极了，于是直奔楼下的那棵圣诞树，远远就看到圣诞老人送给他的大礼盒。接着儿子又在壁炉旁的红色袜子里面找到了一个红色大信封，上面写着他的名字。儿子很想知道圣诞老人送给他的到底是什么礼物，可是又不忍心吵醒家人，就一个人捧着圣诞礼物来来回回跑了好几趟。

后来，夫人听见儿子上下楼梯的声音，赶紧把儿子叫过来，看到他脸上满是汗水。夫人连忙问儿子什么时候起床的。儿子回答很久了。夫人看到儿子手中拿着一个大盒子，对儿子说："你已经看见圣诞老人来过了？"儿子使劲地点着头说："圣诞老人来过了，还送给我好多礼物。不过圣诞老人并没有取走我送给他的牛奶和巧克力。"夫人笑着说："那是圣诞老人太忙了，他还要赶着时间到别人家里去，没有来得及拿走。"儿子眼睛睁得老大，信以为真。后来夫人问儿子有没有看一看自己收到的究竟是什么礼物。儿子说："我现在还不知道，你说过，圣诞礼物一定要全家人在一起的时候才拆开，我看你们都没有起来，就没敢叫醒你们。"夫人很受感动，一面让儿子拆开礼盒，一面冲进房间大声地高呼，你们快起来，儿子等我们很久了。

既然夫人已经发话了，我们也就不再睡懒觉了，赶忙穿上圣诞睡衣和红色袜子，急忙跑到圣诞树旁，一边陪着儿子，一边寻找属于自己的圣诞礼物。我们都聚齐之后，儿子拆开他的礼盒。原来里面是一只太空人使用的玩具枪。儿子高兴极了。接着又拆开了红信封，里面装有两百美元。拿到这么多礼物，儿子自然高兴地去组装他的大枪去了。

吃过午饭，我拉住正处在兴头上的儿子，问他："你喜欢圣诞礼物吗？"儿子使劲地点着头说喜欢。我脱口而出地问道："是妈妈买的，还是姐姐给你买的？"儿子不假思索地摇着头说："都不是。"我一头雾水，心里想难道还是我吗？就问儿子："那是谁给你的呢？"儿子非常认真地回答说："是圣诞老人！"我一下子呆住了，不知道如何与他说清事实才好。所幸儿子并没有看出我有什么不对劲的地方，继续捧着大枪玩去了。玩了一会儿，儿子跑到房间，就开始抱着书本认真学习起来。

傍晚，儿子陪着我一起去遛狗，他在路上刚好遇上同学以及同学的母亲。同学的母亲非常神秘地对我儿子说："昨天晚上圣诞老人有没有来过？"儿子兴奋地回答："来过了。"同学的母亲又接着问："有没有收到圣诞礼物？"儿子对她说："有，圣诞老人给了我牙刷，玩具枪，还有两百元钱。"同学的母亲大吃一惊地说："我的天呀！这么多。"儿子不假思索地回答："嗯，还给了姐姐五百美元呢！"同学的母亲假装不知，呆住了，确实，儿子的话让我觉得有些不好意思。

回来的时候，看着走在我前面的儿子，我不由得思绪万千。现在儿子八岁了，却还那么天真烂漫，比起我年少的时候简直是天壤之别，用老师经常说的一句话：现在的孩子鬼点子特别多，非常难以管理，说孩子比猴子还要精明。现在看来，是儿子笨吗？还是别的孩子太聪明？其实我心里明白，正是因为我太聪明的缘故，所以才常常自以为是，以至于到老依然一事无成。现在，我很喜欢儿子的后知后觉，其实，这正是我从前所缺少的，而现在所追求并且渴望得到的就是这份纯真。

儿子听我讲故事

和儿子在一起的时候，我感到很温馨，很幸福。看到现在的小孩子都那么聪明伶俐，心里不由得赞叹不已，儿子就像我的好朋友、开心果，我们在一起的时候，几乎是无话不谈。孩子有时候又像一个固执的老头，不管你怎么说，他总是坚持自己的意见。

记得很久以前，我无意中翻开了儿子写的中文作业，上面的字写得工整、清秀、洒脱，不过，几乎每个字都分家了，如果不仔细推敲，还真是不容易看懂。因为这，我曾经对儿子婉转地提到过，谁曾想儿子却并没有放在心上，仍然我行我素。对此，我很是苦恼。因为孩子还小，说深了，怕小孩子受不了，影响学习的积极性。说浅了，又觉得毫无用处，不能从根本上解决实际问题。正当我左右为难之时，儿子缠着我给他讲一个感兴趣的故事。我想这正是“踏破铁鞋无觅处，得来全不费工夫”，我借着给儿子讲故事的机会搞个旧事重提，希望儿子能够明白我的良苦用心。于是我找来纸和笔，在上面写了一句话，让爱子来阅读。果然儿子认真看了起来，过了一会儿，他再也读不下去了，一头雾水看着我说：爸爸，您写的这是什么？我大笑对儿子说：这是我小时候写的一首歌谣，当时没有人能够看懂，只有我自己才知道。

儿子迫不及待地问道：那您写的到底是什么？我赶忙告诉儿子，我写的是："我的好妈咪下班回到家，劳动了一天多么辛苦呀，妈妈，妈妈快坐下请喝一杯茶，让我亲亲你呀，我的好妈妈。"儿子听后，笑得前仰后合。我急忙说道：那个时候，我以为写得非常好，正等着大家的夸奖呢，可是竟然没有人知道这是什么意思，他们还以为我在写魔法师的魔咒呢。你说可笑不可笑。

儿子笑得更加开心，使劲点着头说："对，对，对。"最后，我借题发挥说道："写字不仅仅是让自己看得懂，更是要让别人知道是什么，不然一定会像爸爸那样丑态百出，做出一些令人啼笑皆非的事。不过，从那以后，爸爸写的字就好看多了。其实，自己写的字就像是人的一张脸，有谁不喜欢漂亮呢?"听到这儿时，儿子似乎明白了什么，转过身找妈妈去了。从那以后儿子的文字写得就更好了。

教育孩子不要把逞能当作英勇

有一天，儿子拉着我的手，笑着说：“爸爸，我们一起去楼下练习跆拳道好不好?”我不忍心扫了儿子的雅兴，便欣然同意。儿子非常开心，便跟我一起对打，他好一阵猛攻，拳来脚往令我疲于应付。愈战愈勇的儿子眼看胜利在望，更是步步紧逼，把我赶到了墙角。面对儿子的凌厉攻势，无奈之下，我只好背水一战，奋起反击。趁着儿子一不留神乘机偷袭，不曾想一招制胜，化解了险境。儿子倒也不以为意，明白了“大意失荆州”的道理。

随后，我和儿子席地而坐，一起谈天论地聊起了功夫。我对儿子说，功夫不是花拳绣腿，是实战的产物，不是人家站在那里等着你来教训，而是讲究策略的。等有时间我找一些中国的功夫片给你看，让你开开眼界。不曾想儿子信心满满地说：“我以前就看过了。”我说你看的那是电影，是虚拟的，那不真实。儿子争辩道：“我也看过真的打架。”我觉得事情不对，就问儿子："你是在哪里看到的？说给爸爸听一听。"于是儿子跟我讲起了在国内的所见所闻：

那年，我和爸爸回国探亲不久，有一天，我和叔叔一起去玩，叔叔正在开车，突然一个人站在路中，拦着我们的车。叔叔来了个紧急刹车，还好有惊无险，总算平安停下。叔叔立刻跳下车，对那人一阵痛骂，结果两人言语不和，大打出手，叔叔飞起一脚将那人踢倒在地，又来了一阵狂风暴雨般的猛踢，最后叔叔扬长而去。

听到这里，我是一脸的愁云，怪不得一向温顺的儿子，最近在外面喜欢拳脚相加，原来他已经把叔叔当成了英雄。如此下去，儿子将来一定会惹是生非，好人做不成，做坏人倒来得快。又想起那叔叔不可一世的行为更是让我胆战心惊，不管怎么说，开车一定要注意安全，汽车一定要让行人先行，否则撞到人一定是司机的责任，弄不好会出人命的。

于是我赶忙对儿子说："做人一定要老老实实，动不动就挥拳动手是不好的。你看爸爸也经常出现交通事故，可是从来就没有遇到这样的事情。无论是谁的过错，大家一定要心平气和地解决问题。在第一时间安慰受害者，争取得到他们最大程度的原谅，然后快速报告请求协助。遇到事故，人绝对不能蛮不讲理，那样就会失去诚实，如果一个人没有了诚实，那他就是无可救药了。再说了，打架也是一件错误的事情，不管你有没有道理，只要先动手那什么正当理由都不正当了。常言说：

君子动口不动手。好人是以理服人，以德服众的，即使你有通天本领，如果行不端、品不正，也是枉然，毕竟邪不胜正。你以后可千万不要惹是生非，打架斗殴。记住，那是缺少教养的孩子才喜欢做的事情。在学校，如果有事情一定要向老师说，回到家里一定要跟妈妈讲，这样才是一个好孩子，你知道吗?”

听后，儿子笑着说：“知道了，我是一个超人，不会做坏事。”

让孩子在游戏中学会谦让

转眼间，新春佳节就要来临了，中文学校的小朋友为了喜迎新春，正在紧锣密鼓地加紧彩排节目。其中，《狼和羊的故事》仍然是今年小朋友们表演的重头戏。不过，小朋友们都想扮演小羊乖乖，都不喜欢扮作大灰狼。因为大家都知道小羊乖乖是善良美好的，大灰狼是邪恶丑陋的。这一次可难倒了学校的老师，一时苦无良策。没有办法，老师只好用上了老办法——抽签。这样看起来比较公平，实际上也是无奈之举，如此，小朋友们又忙着抽签。

当然，抽签的结果肯定是几家欢乐几家愁，还没有抽到签的小朋友，心情也是忐忑不安；抽到小羊的孩子们则是兴高采烈。站在远处的夫人眼见于此，知道最后的结果肯定是有一个扮演大灰狼，就赶忙走上前去对儿子说："等一下无论是抽到什么都很好，你看小羊乖乖有那么多，都不知道谁是主角；而大灰狼只有一个，一眼就认出来了，更何况这只是演戏，又不是真的坏人。”儿子听到以后面露难色，只是焦急地等待抽签。

终于轮到儿子了，手气不错的儿子抽到了小羊。儿子高兴地一下子跳起来，和上前祝贺的小朋友搂在一起又蹦又跳。眼看着一个个的签底揭晓，最后只剩下好朋友“自由人”和另外两个小朋友。这时候大家把目光都集中在他们身上，可事不凑巧，“自由人”不幸抽到大灰狼，另外两个还没有来得及抽签的小朋友也是高兴得合不拢嘴。班级里热闹非凡，唯有一向沉默寡言的“自由人”躲在一旁痛哭流涕。还有几个小朋友上前来，吐着舌头扮着鬼脸，学着大灰狼的样子在“自由人”的面前转来转去。

面对小朋友们的讥笑，“自由人”更是无地自容。就在这个时候，儿子跑到“自由人”的面前对他说：“不要哭了，咱俩换一换，你来当羊，我做狼怎么样?”“自由人”连连点头，非常感激地说：“我不喜欢做大灰狼，你真的可以和我换吗?”儿子很认真地说：“是的，我无所谓，反正是玩，何况当一只大灰狼也不错呀，还可以吃了你们。”儿子一边说，一边做着大灰狼的模样，逗得“自由人”也哈哈大笑，就这样，同学们又打闹在一起了。

站在远处的夫人看了也非常感动，事后夫人问儿子：“你为什么会这样做呢?”儿子说：“我们都是好朋友，在学校里，老师经常教我们要友爱。我不想看到好朋友伤心的样子，更何况刚才妈妈也说过要在生活中做个好孩子，我演大灰狼只是演戏，又不是真正的坏蛋。你看还可以吓跑你。”说着就扑向夫人的怀抱。

不要粗暴拆穿孩子的谎言

望着渐渐长大的儿子，我的心里很是欢喜。可以毫不夸张地说，儿子就是我生活中的希望，也是我的开心果。有了天真烂漫的儿子陪伴，我对生活的信心增强了百倍，浑身也充满了活力。当然，孩子长大是我们一直期盼的，然而有时也有一些不如意的事情发生。特别是前一段时间，儿子不知不觉地就会说出一些与事实不相符的话语，然而每一次的不经意过后，儿子都会脸红心跳，还没有等我反应过来，他就自己赶忙加以纠正。

刚开始，夫人不以为然，鼓励儿子勇敢承认错误，哪知道儿子改的速度非常快，犯的频率也不慢。这就让我大为恼火，本来“人非圣贤，孰能无过”，更何况他只是一个小孩子。可是他有自己的想法，总是想把事情做得更加完美，想把事情粉饰成让别人喜欢的那样，可结果事与愿违，他不仅没有说得天衣无缝，反而漏洞百出。当谎言被揭穿的时候，儿子也是追悔莫及。比如，有时候，夫人问儿子是否刷过牙，儿子就会不假思索地回答道，刷过牙了。可是话音刚落，就感觉不对，马上加以改正。对不起，妈妈！我还没有刷牙。像这样的日常小事，真是令人又爱又恨。

当我们知道了儿子的情况时，便对症下药，有意无意地给儿子讲一些为什么不能说谎，以及说谎所带来的害处。无论是“狼来了的故事”，还是什么现身说法，都会让儿子喜笑颜开。让他认识到实事求是的重要性。特别是在实践中，我们都会不厌其烦地引导儿子不能说假话，果然功夫不负有心人，儿子很快就改正了缺点。通过这件事，我们深深地体会到，一个人难免会犯这样或那样的错误，特别是小孩子，他们其实并不知道谎言是令人讨厌的。如果能够让他们清醒地认识到问题的严重性，他们就不会那样做了。

实际上，小孩子犯错的时候并不可怕，可怕的是我们大人头脑不冷静，不能够合理地加以指导，否则会影响孩子的自尊心，使其产生逆反心理；甚至会让孩子将错就错。这样的结果是我们教育孩子的失败。所以，哄孩子学好是我们的责任，不能够让孩子骗得团团转。小孩子的成长本身就是一个不断学习的过程，是要靠我们做家长的帮助，才能绘出人生的精彩，所以说小孩子永远都没有错。真要是有错的话，也是错在我们家长没有尽到责任，没有教好孩子。作为家长，你是否想过，应该多花点时间去了解自己的孩子，多花点时间想好解决孩子问题的方法。从自身做起，把孩子的教育当成自己的一门功课，不仅仅要求孩子如何如何，同样也要求自己更加上进。如果我们的功课取得了优异成绩，那么小孩子的教育也一定是优秀的，是给予我们最好的奖赏。相反我们自己都没有做好，怎么能够教育好孩子呢？

“人非圣贤，孰能无过。”让我们多一点儿耐心，多给孩子一点儿时间吧！让我们一起为了孩子美好的明天共同努力吧。

会哭的孩子有糖吃

朋友跟我谈起小孩子的教育就大吐苦水，觉得自己家的小孩子很调皮，难以管教，即使软硬兼施也无济于事，到最后孩子不仅没有驯服，甚至变得更加我行我素，让家长束手无策。在他们看来，这样的小孩子实在是顽劣不羁，只能让小孩子放任自流。

其实，问题的症结是由于家长平时对孩子的溺爱，他们不懂得用正确的方式去教育孩子，把一个好孩子培养成了说一不二的个性。本来小孩子在家庭中处于服从地位，家长处于主导地位，结果小孩子却成为家庭的主导者。父母一味迁就子女，长此以往，当然会哄出麻烦来。最后他们又无计可施，只好任凭孩子为所欲为。到这时候，家长还是不知道错在哪里，觉得不是自己的错，当然，他们的借口也是五花八门，比如，我们家的小孩是男孩子，自然比女孩子难以管教；我们家的孩子活泼好动，经常惹事，所以不好教育；我们的孩子是三代单传，打不得，骂不得，所以无人能敌；我们的孩子生长于城市，顽劣不堪，所以难以调教；我们的孩子生长于乡下，没有好的条件，所以难以引导，等等。

其实，这些都是站不住脚的托词。家长很少承认自己管教无方，总是把原因推到孩子身上。在现实生活中，家长管教孩子经常不得其法，让小孩子一错再错，养成了不好的习惯；也是因为家长不明事理，一味迁就，致使孩子养成唯我独尊，受不了半分委屈的毛病；更是家长没有以身作则，无形中给孩子带来一些坏影响。总之，问题是出现在小孩子的身上，而责任完全在于家长。

俗话说：养不教，父之过；教不严，师之惰。我们家的两个孩子不会哭哭闹闹，更不会无理取闹。在平时，我们对待孩子是宠爱有加，从来不会冷嘲热讽，或者打骂孩子。遇到大是大非的问题，我们做家长的绝不会给小孩让步。我们这样做是为了让孩子从小明白一个道理：做事要有原则，做人要懂礼数。即便是在他们不懂事的时候，他们也知道瞎哭瞎闹是没有糖吃的，是解决不了实际问题的。哭闹是孩子让父母妥协最有效的方法。比如，在孩子小的时候，我们就给他们立下了规矩，如果他们哭闹，我们就不去理他们，让他们自觉无趣。如果他们没完没了，我们也不会去打骂，只是把他们关在小屋里让他们深刻反省，直到知道自己错了，再放出来。我们一家四口在美国过了那么多年，不管是女儿还是儿子，都和其他的小孩子一样非常聪明，当然，也知道“察言观色”。当他们看见你是真的生气时，他们就会主动承认错误，希求你的原谅。

不过，需要注意的是，关禁闭一定要注意孩子的一举一动。儿子在刚进去的时候，会哭得很伤心，也不知道要怎么做才能被父母放出来。我们一般觉得孩子反省得差不多了，就把他放出来，然后好言规劝，帮助孩子明白错在哪里。久而久之，他自己就会很少犯错误。即使犯了，也会很快纠正。

没有人说性格外向的孩子不会读书，也没有人说内向稳重的孩子成绩一定出色，其实，只要方法得当，任何健康的孩子都可以成为品学兼优的学子。不然的话，再好的孩子遇到不懂教育方法的家长和老师也是竹篮打水一场空。实际上，小孩子活泼好动是一件好事，可塑性强，有利于成长。因为老师和家长可以及时掌握他们的心理动态，进而加以正确引导。对于一个沉默寡言的学生，家长和老师却不一定能够对他们的心理作出准确的判断。由此可见，说孩子不懂事不好调教，倒不如说是自己没有耐心，缺少对孩子的细致观察，历数孩子不好管教的原因是我们做家长一个不负责任的借口。要记住：会哭的孩子有糖吃，因为他能随时引起家长与老师的注意。

要及时引导孩子的学习兴趣

不少朋友都会遇到这样的问题，许多小孩子在学习的时候多少都会有点魂不守舍的样子。其实这是一个普遍存在的现象。小孩子生下来就天真、活泼、好动，怎么可能像老僧入定那样坐在那里一动不动呢？

其实，小孩子在学习的时候，一时走神很正常，关键是我们做家长的要懂得怎样调动孩子学习的积极性。有的家长可能会当头棒喝，让惊魂未定的孩子大吃一惊，收起跑出去的心，重新投入到枯燥的学习中。可能有的朋友会说：学习是一件快乐的事情，怎么可以说是枯燥乏味呢？我觉得如果孩子在学习过程中找不到他的兴趣所在，那么学习就是一件十分枯燥乏味的事情；如果小孩儿找到了学习的兴趣所在，那对他来说，当然是兴致盎然的事情。

当小孩子从学习中慢慢失去兴趣的时候，家长却仍然坚持让他学习，这样的结果可想而知，对孩子来说，这样的学习是不快乐的，是痛苦的煎熬。家长不要搞一些强制性教育，众所周知，小孩子的学习兴趣是靠着日积月累养成的，如果对孩子的教育方法不得要领，就会适得其反，既然是学习，那总得掌握好的学习方法，不能够想当然把自己的意愿强加于小孩子的身上。古语曰：欲速则不达。学习是一件循序渐进的事情，揠苗助长的结果一定是得不偿失。这样非但不能帮助孩子养成主动学习的兴趣，甚至还会影响孩子学习的热情，到那时，家长惋惜已来不及了。

无论我的女儿或者儿子，在学习上一心二用时，夫人总是根据孩子的特点，让他停下学习，然后给孩子讲一个让他感兴趣的话题，把他从烦躁中解脱出来，开开心心地陪着孩子玩一会儿，让孩子的精神重新活跃起来。玩得差不多了，夫人就会对孩子说："今天的作业还有多少没有写完？等一下要快一点写哦。"这时候，精神愉悦的小孩子做起事情来就会事半功倍，高质量地完成学习任务。所以，我想，家长要教育好孩子，首先就要根据孩子的特点，设身处地根据实际情况，拿出一套有效的管教方法，这样孩子对学习才会充满兴趣。试问，一个做父母的，整天对孩子冷嘲热讽，甚至责骂体罚，这样弄得孩子哭哭啼啼，他怎么能静下心来认真学习呢？

所以，正确引导孩子学习，是开启孩子学习兴趣的关键所在。对于一些经常走神的孩子要做到循循善诱，不能一味地迁就，让他们能真正认识到学习的乐趣。只有这样，才能很好地帮助孩子收住心，让他们养成良好的学习习惯，才能够学习更多的文化知识。

孩子给我上了一课

记得那是一个春末夏初的时节，和风送爽，感觉好极了，我和几个要好的朋友一起去郊游，放松一下疲惫的身心。那个时候，儿子还小，我看着儿子和几个小伙伴高兴地相互打闹，奔跑在绿油油的草地上，心中涌动着幸福的暖流。临近午后，烈日当空，我们一行人返回到山脚下的宿营地，朋友们准备痛痛快快地犒赏一下“五脏庙”。大人们有条不紊地做着一些必要的餐前准备，孩子们还在不知疲惫地跑来跑去。这时候，儿子一头大汗地跑到我的面前，对我说，能不能给他一个方便袋。我急忙放下手中的事情一边找方便袋，一边问儿子要这个干什么用，并且嘱咐他可不要随手乱丢。谁知一脸委屈的儿子偷偷用手指了指远处几个打扮入时的同伴，然后小声说道：“爸爸，你看他们把垃圾随手丢得到处都是，等他们走后，我去帮他们收拾了，不然以后就没有人来这儿玩了。”

儿子的寥寥数语犹如千斤铁锤，猛烈地击打在我的心上，让我一时不知道该说什么好。想不到一个乳臭未干的孩子能有这样的素养，只可惜我们这些表面一本正经的成年人却不懂得环境保护，的确令人羞愧难当。我们从小就开始天天喊着的那些讲文明、树新风的口号，到头来竟然是一堆干瘪瘪的空话！口号喊得山响的人，往往是最不践行的。

在生活中，我们会见到这样的一些人，他们把自己家里收拾得干干净净，可是一走到外面却判若两人。他们乱丢垃圾，口出脏话；他们随地吐痰、大小便；他们在公共场所大声喧哗，不以为耻，反以为荣；他们在退房之时也没有忘记用枕巾把皮鞋擦得一尘不染；他们把垃圾从高楼随便抛出，不顾他人生命危险……真不知道这些人是怎么想的，我觉得每个人都有责任维护公共环境。想到这里，我忍不住把儿子紧紧地拉在怀里，为他擦汗。而后拍了拍他的肩膀，对儿子说："你先去玩吧，等一会让爸爸给他们拿过去。"于是我走向了那几位看似非常体面的同伴，在不远处就跟他们打起招呼。当我说明了来意，他们听后，原本还有说有笑的气氛仿佛一下子就凝固住了，大家面面相觑，一言不发。我清楚地感觉到有的人怒气冲天，有的人不屑一顾，更多的人是羞愧难当。还好有一位女士打破了沉默，一边笑着走上前，一边说："是呀，我们走得匆忙，竟然忘记了拿垃圾袋，您看现在连垃圾都没有地方搁置了，真的要谢谢您。"

用过野餐以后，小孩子又玩儿了一段时间。眼看着到了傍晚，我们也该回家了。临行的时候，一位朋友把孩子们都召集在一起，认真地说道："稍后往回走的时候，我们把路边的垃圾收集起来，丢到垃圾桶里，我们一起来帮助别人爱护环境，好不好?”小朋友们先是一愣，随即大声说好！儿子更是跳起来连声说“好，好，好。”于是大家一窝蜂似的跑出去了。

看着小孩子欢快离去的背影，我们喜不自胜。我在想：如果每一个人都乱丢垃圾，用不了多久，这里就会乌烟瘴气，那么，以后还有谁想到这个地方来游玩呢。只有人人都能够自律，多做一点奉献，少一些抱怨，而且从我做起，相信我们的生活会更美好。

让孩子学会感恩

儿子邀请几个好朋友到家里来玩，临近中午，夫人为他们精心准备了丰盛的午餐，几个小朋友有说有笑，好不热闹。当夫人把饭菜陆续端上餐桌以后，几个小家伙更是赞不绝口，有的小朋友称赞盘子真漂亮啊，太完美了。有的说筷子很精致。儿子也对夫人说："妈妈你做的真好，你太了不起了。"大家你一言我一语把一个普普通通的午餐说得完美无缺，辛苦了一个上午的夫人听到赞美以后，心里自然是狂喜不已。

随后，小朋友们依次排队洗手，然后规矩地坐在桌旁。等饭菜都端上来了，在儿子的带领下，小朋友们有模有样地合上双眼，默默地向上帝祷告：感谢上帝的看护！赐予食物。夫人开始不停地为每一个小朋友分餐，小家伙们又是一番热情洋溢的赞美，并不时地问东问西。忙了整个上午的夫人尽管十分劳累，却不厌其烦地为每一个孩子解答疑问，此情此景，温馨浪漫，夫人觉得再苦再累，心里也是美滋滋的。

记得有一次，我应朋友的邀请去他们家里做客，遇到其他几位受邀请来的朋友们，便同他们神侃一翻。到了晚餐的时候，主人让新老朋友不要拘束，随意用餐即可。于是大家二话不说，很快就进入了角色。朋友的孩子也围坐在一起，这时他却并没有急着吃饭，而是一个人把眼睛闭上，垂下头默默地开始谢饭祷告。众人正在不知所措之时，朋友大声责备小儿子："谢什么神？要谢也应该谢谢我。是我在养活你，供你吃，供你穿，供你上学，神在哪里？以后不要再谢神了，要谢就谢我，哈哈哈！"

朋友当场的一顿说辞弄得小儿子面红耳赤，一时无言以对，在大家的注视下连饭也没有吃，一个人跑回了房间。回到家里，我和夫人再次谈论了这件事，我说道："真没有想到天底下竟然有这样的父母，对自己的儿子大放厥词，冷嘲热讽。难道他真希望自己的孩子和他一样毫无修养，以至于不学无术、一生碌碌无为吗？"夫人也觉得这位朋友对孩子那样说话，做得实在过分。

我也听说这样一个故事，有一位宅心仁厚的先生，常常对上帝心存感激。某天他想去帮扶贫困家庭的儿童，让他们能够读书。于是他托人代为寻找要帮助的人，没多久就找到了许多人。这位先生就亲笔给每一个人写了一封信，寄了一本书。过了几天，一部分小朋友就陆陆续续地给他回复了感谢信。而其他孩子的回复则如石沉大海。过后，这位先生就选择了给他回复的那些孩子作为帮助对象，而没有去帮助那些没有回复的孩子。他这样做就是对给他回复的人怀有一颗感恩的心，所以他一定要帮助那些知恩图报的人。

由此可见，一个人的能力实际上是微不足道的，是要靠感恩的心才得以坚强。无论我们自己做了多少微不足道的事情，教育孩子一定要拥有一颗感恩的心。

让孩子明白好事多磨

晚上，我们一家人陪着儿子去学校参加一个晚会，家长们陆陆续续赶到了学校的大礼堂。孩子们是今天的主角，他们打扮得花枝招展。那场面也是相当的温馨，在老师热情洋溢的开场白后，小朋友们开始井然有序地登台表演，他们有表演唱歌的，也有表演弹奏乐器的，还有的出演舞者，个个都演得有模有样，表现得活泼可爱！

儿子也是不甘人后，随着欢快的音乐节奏，他一曲稚嫩的甜美歌曲不知道迷倒了多少小朋友，赢得了众多喝彩。可惜我们没有像其他小朋友一样，提前准备好鲜花。就在儿子一曲将尽的时候，还是他的好朋友给我们解了燃眉之急，献上自己准备的鲜花，让我们感动不已。真是好温馨啊！其中也有一些很有意思的小插曲，有位小朋友到了登台表演的时候，怯场了，无论如何劝说，他就是不肯上台。还有一位小朋友上了台，一时不知如何表演，观众发出掌声，他也没有动静，后来在老师的耐心安慰下，回到了家长身边。其实这些小插曲不仅没有影响晚会的热烈气氛，相反还带来了更多温馨的场面。

这让我想起以前刚上小学四年级的女儿，那时候她刚来美国，恰巧赶上学校准备举办晚会，只不过那一次的表演以演讲为主，要求每个来自世界各地的小孩子用英语和母语为大家讲个故事或者说说自己的感想。过后，女儿每天放学回家，第一件事情就是对着镜子做模拟表演。从开始拿着演讲稿，一直到脱稿演讲，女儿竭尽全力地准备着。我当时就在想：用母语演讲是女儿的长处，即使说的文不对题，也没有什么关系，因为台下的众多听众，能够听懂中国话的只有少数的几个人。如果用英语来演讲，那可是女儿的软肋，因为她刚刚来到美国，英语的口语水平实在是不值一提，要是怯场什么的，台下观众更加听不清楚。那样可就出丑了，我主要是担心此次演讲，弄不好会影响女儿的自尊心。

就这样，我在担心中迎来了女儿的演出，当时，整个学校张灯结彩，热闹非凡，许多家长很早就来到了学校大礼堂，各路朋友相互交谈着，等待着精彩的汇报表演。很快主持人宣布表演开始，每个小孩子的闪亮登场都会带来雷鸣般的掌声。毫无疑问，所有的孩子都想把自己的节目演好，也都为自己的节目而努力。当轮到女儿出场的时候，我们也为她捏了一把汗，心里合计着：女儿的英文能够应付如此热闹隆重的场面吗？此时，女儿很快就站到了舞台的中央，她先是向所有的来宾简单介绍了自己，然后又开始用中文发表演讲，整个过程从容不迫，并且她是今天所有演讲者当中唯一没有拿着演讲稿的孩子，这让所有的观众都为之喝彩。其实，我们自己更知道女儿的进步，她来美国还没有几天，就语言障碍来说，比起那些土生土长的美国小孩子不知道有多困难。不一会儿，女儿又用英文把中文的故事向所有的来宾复述了一次，而这次更是得到了雷鸣般的掌声。此时此刻，我的内心深处也是无比激动，作为父亲，我感到无比自豪。就这样，当校长亲手把荣誉证书交到女儿的手中时，我们看到女儿脸上挂满了灿烂的笑容。

通过这次活动，我们大开眼界，发现小朋友们真是才华横溢。总结起来，他们都有一个共同特点，那就是自由发挥，不搞那些做作的东西给我们看，让家长也能看到孩子最真实的一面。从那以后，老师和家长对孩子们，那可真是刮目相看。在观看孩子的表演活动上，我们又发现了另外一个问题：许多亚裔的小朋友家长比其他地区的家长表现得更有耐心。他们更重视对孩子健康体魄的培养。比如说，有一位小朋友从两岁就开始学习游泳，到现在每周都坚持这样，虽然他还没有学会游泳，可是已经非常喜欢玩水了，这可比起前几年他连水都不敢沾的状态好多了。同样，儿子学骑自行车也是如此，对他来说，尽管非常艰难，可他依然硬着头皮想把它学会。

实际上，让孩子学会一样新东西，确实不能操之过急，应该给予孩子足够的时间，让他们真切体会到学习的乐趣。这样，他在以后的学习中，才会认识自己的不足，进而全面提升自己。

第三章

爱是上好的教育

我们都知道一句话：知子莫如父。我们都喜欢和孩子做好朋友，希望能和他们在一起坦诚地谈话，这样我们跟孩子才不会有那么深的代沟。当然在小时候，我们自己也希望有这样的经历，但又有多少父母能够体会儿女的心情呢？时过境迁，如今，我们作为父母，对孩子不会再用老一套的教育方式，会用浓浓的爱来浇灌儿女敞开的心扉，培养孩子积极向上的意志，希望在前进的道路上，引导孩子走向健康的未来。

母爱是孩子自强不息的动力

有段时间，儿子得病了，得的还是大病，这对于我们全家来说犹如晴天霹雳。因为我们来美国近20年以来，家里人还是第一次住院，第一次打点滴，情况自然是不比往日。幸好经过了一个星期的入院治疗，儿子终于过了这一个关口，身体又健康起来了。

不过那件事还是让我们得到一些感悟，以前我们对自己的身体健康从来没有放在心上，总是认为生死有命，富贵在天。老天让今天死，我们也活不过明天，大有视死如归的气魄。可是这病一轮到孩子身上，情况就不同了。孩子毕竟是我们的下一代，真的要照顾好。

从医院回来，儿子美美地泡了一个热水浴，洗去一身的疲惫。吃过午饭后，又看了一会儿电视，然后一个人不吭不响地回到了自己的房间，关上门，坐在床上看书。过了很久，夫人没听见儿子的声音，以为他睡着了，就推门进去，却发现儿子正在房间里看书。夫人激动不已，对儿子说："儿子啊！你的病刚好，看书不要太久了，医生说过你一定要多注意休息。"要在往日，儿子定会大发雷霆，不过这次倒是很乖。

夫人忙了很久，身体也很疲惫，就躺在沙发上休息一会儿，不曾想就睡着了。等醒来的时候，看到儿子还在写作业，夫人就赶忙走到儿子的身边，发现儿子还有很多作业没有写。于是对孩子说："你的病刚刚好，医生说要多休息，不要再学习了，等病彻底好了以后，再学习吧。"儿子摇头说："我这两天落下很多作业，我要想办法补上去，何况我现在还不累，还可以继续学习。"夫人也只有无可奈何了。大约又过了一个小时，夫人见儿子还在写作业，就走了过去，看见儿子正在写中文作业，于是对儿子说："你的中文作业不用写这么多，因为老师知道你生病了，不会责备你的。并且现在你已经学习了这么长的时间，应该去休息了。"可儿子还是不为所动，轻松地耸肩说："我不累，可以把它们都写完。妈妈您可以帮我剥一个橘子吗?"就这样儿子一边学习，一边吃着夫人送到口中的橘子，真是羡煞我了。

作业终于完成了，儿子和夫人都松了一口气，可是儿子现在还想和夫人打闹，他的精力真充沛！说了这么多，我也在想：儿子的学习热情和动力来自于哪里啊？他为什么会这样做呢？我细细想来，觉得母爱给了他无尽的呵护，让他能有一颗淡定的心去面对任何问题。所以，我要说：全天下的父母们，请多给孩子们一些关心和呵护吧！

父母的心永远为孩子悬着

儿子渐渐长大了，以前很多事情都想不明白，现在他知道得好像比我们还多，也变得更加懂事了，也能帮助夫人做做家务，看起来像一个小男子汉。孩子有这样的变化，我们都很高兴，毕竟夫人在很长一段时间内对儿子都是宠爱有加的。其实，夫人怀上他的时候，算是一位高龄产妇了，能够生出一个这样健康可爱的小宝宝，更是不容易。在夫人眼中，儿子就是希望，更是自己的荣誉和骄傲。当初生女儿的时候也是如此。

记得儿子出生后，夫人待他犹如掌上明珠，唯恐有一点点的闪失，生怕亏待了这个小心肝。现在儿子知道感恩了，对妈妈的宠爱投桃报李，整天围着夫人的身前背后，讨好夫人，常常使得夫人开心不已。

夫人经常会说这几句话：我的大宝儿，这是老天给我的最大的礼物和恩惠！我要全力以赴宠着我的心肝宝贝，如果我不宠他，那还有谁来宠他。我们不一定能给他一个美好的将来，但是一定会竭尽全力给他一个美好幸福的童年。等他回首往事，至少他能感觉到童年是温馨而快乐的。夫人说的这几句话没想到真的付诸实施了。比如，儿子到了三岁，按说这个年龄的孩子应该断奶了，可是他仍吃着夫人的母乳；而且儿子吃奶已经影响了夫人的身体健康。对此，夫人也不觉得有问题，不想让儿子把母乳戒掉，她认为自己的奶水虽然已经不能够完全满足儿子的生长需要，可还有其他的婴儿类食品可以补充儿子所需营养。再说强制儿子断奶，儿子会上火，也会生病。这样我们反反复复找到了戒掉母乳的许多方法，可是竟然找不到适合儿子的方法。

假如儿子有个头疼脑热或是精神上萎靡不振，夫人知道后，就会很着急，要是孩子生病了，夫人会不分白天黑夜地呵护在孩子身边，直到孩子的病情好转，夫人才放下一颗悬着的心。有时候，孩子好了，夫人却累倒了，尽管那样，夫人也没有减少一丝一毫对孩子贴心的关爱。对于儿子的断奶，尽管我们也很舍不得，尤其是夫人，但最终我们还是花费了很大力气解决了这个难题。

儿子从小就是妈妈的小跟班、开心果！无论是在学习上，玩耍中，只要是妈妈说的，儿子一定唯妈妈马首是瞻。时光飞逝，如今儿子已经快八岁了，这些年来，夫人不知道费了多少心思。这让我不知不觉地想起了妈妈的养育恩情，想到我现在还没有在母亲跟前尽孝，内心很是愧疚。树欲静而风不止，子欲养而亲不待。就是我此时此刻的心情，这也提醒我们无论何时何地都不要忘了自己的根。

母爱是伟大、无私的奉献！因为有了这份爱，孩子才能从小树立起积极向上的自信心，培养孩子的感恩心态，可以影响孩子的一生。

我和儿女是挚友

冰冻三尺，非一日之寒。女儿和儿子如此听话懂事，是与夫人平时循循善诱的教育分不开的。我们几个人在一起的时候就像是最好的朋友，知无不言，言无不尽。八岁的儿子偶尔也会撒娇，比如玩得累了，躺在床上大呼小叫："妈妈！我的腿痛了。快来帮我按摩一下。"这时候夫人总是立即施以援手。按了这里再按那里，从腿上按到肩膀，按得是不亦乐乎。可到最后儿子还说痛。夫人只好再贴上一块创可贴，等贴好以后问儿子的感觉，他就会立即说现在好了，也不疼也不痒。像这样用疼痛来撒娇的事例真是很多，不过我们都是极其欢迎的，因为这种方式可以让孩子的发散思维更加敏锐。

当然，儿子也不会放过我的，有时就会听到儿子大声地叫我快去，我也毫不犹豫地放下手中的事情，跑到儿子面前，问他什么情况？儿子可能会说：可不可以背他去楼下的卫生间？这一下把我搞得一头雾水，不由得问道："尿急为什么不用楼上的卫生间?”儿子先是笑着，然后说道：“我还想在楼下玩一会儿玩具。”明白后，看看手头的事情又不是很着急，于是心甘情愿地背起儿子向楼下奔去。其实，在我们家里，这样温馨的亲子场面屡见不鲜，也难怪夫人待儿子犹如掌上明珠，把儿子的事情看得比什么事情都重要。当然，儿子也很善解人意，经常把妈妈哄得笑口常开。有时候他还偷偷对我说：“咱们都不要让我妈妈生气，妈妈说的是对的。”

而女儿呢，那就更不必说了，本来俗话说：姑娘是妈妈的贴心小棉袄嘛。平时我常年在外工作，家里的许多事情都由夫人担当，所以，女儿除了正常的学习以外，还会挤出时间来帮助夫人做一些简单的事情。比如，帮助照看年幼的弟弟等。这样就减轻了夫人不少的生活压力，使其腾出更多的时间做其他事情，而不必因为我不在家而烦恼。特别是在夫人身体生病的时候，女儿洗衣做饭，跑前跑后，宛若个小大人。儿子呢，也学着姐姐的样子，端汤送药，问寒问暖，让夫人感动得热泪盈眶。其实，这就是教育方式的魅力所在，更是维护整个温馨家庭的关键之处。

梦中的启示

儿子一放学回家，就高高兴兴地对夫人说："我要养一只小乌龟!"结果遭到夫人的一口回绝。夫人不同意的原因很简单："你现在养着两只狗，养着六条鱼，还要养只小乌龟，你都喜欢，但是自己却从不打理，这些事情都是我一直在做。现在我的时间已经安排得非常紧凑，再也挤不出半分钟时间了。"

对此，儿子有些伤心，因为他很羡慕同学家里养的那几只漂亮的小乌龟。所以，也想有一只自己的小乌龟，可是夫人却没有答应。晚上儿子睡觉时，做了个梦，事后竟然坐在床上发起了"大水"。

第二天早晨，儿子起床很晚，原来生了一场病。看着病快快的儿子让我这个当爸爸的非常难过和担心。为了鼓励儿子早日康复，我对儿子说：你要好好听话，等你病好以后，我要送给你一个礼物。果然不出我所料，儿子听到以后精神一振，脱口而出"是小乌龟吗?"我不觉一愣，原来儿子这几天对小乌龟还是念念不忘。回过神来，我对儿子说："等到了时候你就知道了，现在先不告诉你。"儿子听到后非常的开心。

之后，我就开始四处打听哪里可以买到小乌龟，结果功夫不负有心人，终于让我找到了。我也高高兴兴地把这件事告诉了夫人，结果夫人还是那一句话：答应孩子的事情不能食言，一定要兑现，但是千万不要买小乌龟！我急着争辩说，现在他喜欢的是小乌龟，给他别的礼物恐怕他未必喜欢。这时候我想，我小的时候，也有过类似的经历，魂不守舍不为别的，只是为了得到心中渴望已久的一只漂亮的小鸟。想到这儿，儿子渴求的眼神似乎在我眼前晃来晃去。是买一只小乌龟送给爱子，还是谨遵妻命？一时之间，我进退两难。因为两头都重要，我都得罪不起！想着想着，我也好像是要生病了，头重脚轻有气无力，大白天竟然不知不觉地睡着了。而且做了一个梦，在梦里我遇到了许多奇思妙想：我清楚地看见了一脸高兴的儿子，手捧着他喜欢的小乌龟，一边蹦蹦跳跳，一边欢快地歌唱。看见儿子一手拿着小乌龟，一手搂住我的脖子，在我的脸上狠狠地亲了一口，然后认认真真地对我说：爸爸，你是一个最好的爸爸。后来我和儿子一起喂小乌龟，又一起给鱼缸换水清洗……而后看见夫人站在海边，不时地对我说：嗯，你们父子两个做的真不错……

终于从梦里走出来了，我醒来时，脸上还在笑，后来发现自己已经回到了现实，我明白现在是应该继续循着梦中的脚步，继续在现实生活中实践梦想的时候了！

要鼓励孩子多尝试

看到这个话题，你可能情不自禁地大吃一惊，教育孩子是个严肃的话题，怎么可以说多试试呢？其实我只想说，我只是一个普通人，没有那么多先见之明，所以也不会搞那么多的算计，更何况教育孩子大多是年轻父母的事情。所以我觉得要鼓励孩子多尝试，以此引导孩子。

当然，虽然我们朝着这个方向一直在不断努力，然而结果有时往往并不尽如人意，反而有时候适得其反；另外，当我们认为已经到了山穷水尽之时，却又能峰回路转、柳暗花明。因此，对于孩子的教育，即使由于我们一时的疏忽，或者一点点的懒惰对孩子的学习督促稍有松懈，也并不见得是一件坏事，至少这可以让孩子多轻松一会儿，多展示一下自我。总比苦苦相逼、没有学习效率好上许多。

学习不能只追求分数，追求的是真正学懂、投入和喜欢。在孩子的学习成长中，兴趣对他们来说至关重要，没有好的兴趣，孩子的学习是无论如何都提升不了的，只有足够的兴趣，才能对学习有足够的热情，以后才能做得更好。社会活动是培养孩子兴趣的地方，要鼓励孩子多尝试，多参与。我记得以前女儿在上高中的时候，曾想过长大以后当医生，于是参加了一些医学实验的活动，谁知她看到医学解剖，心里很不舒服，试了几次，最终还是放弃了。其实这就是鼓励孩子多去尝试兴趣，因为我们也不知道孩子到底对什么感兴趣，只能让他们去尝试，在尝试中他们也会逐渐加深对自己的了解。

当然，孩子的兴趣也会随着时间而改变。女儿来美国之前就喜欢画一些水墨画，1997 年还参加香港回归“怀燕杯”书画大赛，得了少年组二等奖。但来美国以后却改变了，她更加喜欢卡通画、素描、油画。女儿每天放学回到家里，除了完成学校老师布置的作业，就是根据我的要求继续学习国画，刚开始的时候，由于我的粗心大意，再加上我的工作又很忙，常常出差在外，根本没有发现孩子更喜欢卡通画，也没有设身处地为她去想：在她的同学当中，大家都喜欢什么！后来我检查女儿的“作业”时，发现画的国画并没有进展，倒是卡通画的水平相当不错。我这才恍然大悟：孩子不是不喜欢画画，而是喜欢另一种风格。从此我们再也没有督促她画国画，而是让她画自己最喜欢的卡通画。

直到现在，女儿进入大学了，还是对学习卡通画保持着很高的兴致。而我的一位朋友却没有我那么幸运，他们夫妇俩都是博士，文化底子自然扎实，他们有一个非常聪明、学习成绩很不错的儿子。那位朋友酷爱小提琴，于是不假思索地也让孩子学习小提琴，并且每周不辞劳苦地开车两个多小时，送儿子去另一个城市学习小提琴。一晃几年过去了，他的孩子不负众望，小提琴的水平已经达到了炉火纯青的地步，然而在他即将上大学的时候，他吐露了埋在心里多年的秘密：他并不喜欢小提琴，每一次拉琴的时候，他的心早已随着音乐奔驰在绿茵草地上了。到了大学，他再也没有去碰过小提琴，而是整日奔驰于足球场上。想一想，如果从一开始，他的儿子就踢足球，凭着热情和天赋，到现在可能会有更大的发展，那样父母、子女都会很高兴，而不至于像现在，把以前学习的小提琴都荒废了。我的另一位朋友，他有一个非常可爱的女儿，在她上最后一堂中文课的时候，老师要她说几句话，她站起来说了一句很吃惊的话语："我今天特别高兴，因为我再也不用来学习了。"老师听到以后非常伤心，因为他觉得他这几年辛辛苦苦义务帮助小孩子学习中文的努力全都付诸东流了。可是当他看到小孩子热情洋溢的笑脸时，也为小孩子妈妈的决定感到高兴，毕竟强人所难是不会有好结果的，因材施教才是硬道理。

留给孩子一片明天

中午，我们一行人在一家餐馆用餐。在我们等餐的时候，门外传来了大声喧哗的打闹声。原来一男三女领着四个年龄大约在三四岁的小女孩，旁若无人地说笑，他们陆续地走了进来。被领位带到了我们的邻近座位，大人还没有坐好，这四个看似很小的顽童，就急不可待地东躲西藏，把这家餐厅闹得沸沸扬扬，让所有人不由得侧目而视。

仔细看，他们和我们一样，都是亚裔人，这时候我们潜意识觉得自己很尴尬，因为他们在公共场所不顾他人的感受，我行我素地大声喧哗，影响别人就餐的情绪。服务生过来为他们点菜的时候，这几个大人更是声如洪钟，大声嚷嚷地说着自己喜好的菜名，唯恐旁人听不到。在公共场合大声喧哗，一点也不顾及自己的形象，也不顾及别人的感受。可是，大家都有爱心，没有必要和几个乳臭未干的孩子过意不去。本来大家是出来享受生活的，不曾想遇到这么一群人。就餐的情趣自然一落千丈。就连我们这些坐在一旁的亚洲人也都如坐针毡，感觉脸上被人狠狠地掴了一巴掌，浑身上下不是滋味。

美国是一个移民国家，民族众多，这里的人们风俗习惯可谓千差万别。不过大家喜欢这里的不仅仅是崇尚自由，享受物质的极大丰富，更为重要的是喜欢它独特的内在品质——西方的精神文明。正是这个因素，才吸引了来自世界各地的人们，他们不辞劳苦地来到美国。如果每一个外来人，都把自己过去的那些歪风陋俗带到这里，那么美国社会早已经变得乌烟瘴气了！试问真要到了这样的地步，又有谁还愿意踏上这块美丽的土地呢？其实，大家来到这里都要入乡随俗，取长补短，学习美好的东西，把自己融入到这个高度文明的社会中。

有些人刚来美国的时候，还知道遵循美国的道德规范。可是时间长了，身上的陋习就显露出来了。这样的行为不加克制，对于他们本身倒也罢了，可是这种坏习气会影响到他们的孩子啊！如果孩子也像他们一样毫无公德心，所作所为不符合大众观念；那么我相信他们一定会被美国社会所排斥，绝对不会得到美国人的尊重。要想得到别人的尊重，自己首先要用心去尊重别人。尊重别人，首先要遵守社会公德。我们要注意并改正日常生活中的不良行为，维护良好的社会风气。损害公德的行为不仅仅关乎自己，更会影响到他人，进而影响整个社会，特别关系到我们的子孙后代。

因此多培养自己的公德心，多给孩子留一些得体的行为举止。

别委屈了孩子

小孩子在羽翼未丰的时候，在家里要依靠大人的关心和照顾，这时期的小孩子，一般情况下，应该是处于被动服从的，而家长在此时处于主动支配地位。在这种情况下，小孩子在家庭生活中一定会或多或少地受点委屈。当然也有的小孩子人小志气大，在家里经常呼风唤雨、称王称霸！这样的话，这些孩子的委屈就不敢恭维了。实际上，小孩子在家里大多会受到什么样的委屈呢？我认为最大的委屈就是不信任。当孩子和家长因为某一件事情产生误会的时候，小孩子受到了不公正的对待，甚至怀疑他的时候，小孩子受到的就是天大的委屈。他们欲诉无门。而在这个时候，有的孩子会选择顺从家长。而有的孩子会产生逆反心理、消极对抗。不管怎么说，这样的做法对孩子的心理健康会产生负面作用，会影响家长和孩子之间的良好沟通。

有的家长常常自以为是，总是认为自己是正确完美的，当孩子做错事情或者事情做得不够完美，家长也没有把事情往好的方向去想，常常冷言冷语、怨声载道，认为孩子这也不是那也不行，搅得一家鸡犬不宁，这样使孩子幼小的心灵对家庭和社会逐渐失去信心，对生活慢慢产生厌倦感。久而久之，不利于小孩子的健康成长。

其实，这个时期的孩子，年龄还小，无论是从心理素质还是言行举止，尚处于开发培养阶段，需要家长循序渐进地因材施教，切莫揠苗助长。在这种情况下，家长要能够换位思考，时刻提醒自己心急吃不了热豆腐，欲速则不达，也不失为一种上策。

有的时候，家长或老师不知道什么原因，自己受到了委屈，他们不懂得忍耐和冷静思考，也不理解他人的心情，常常莫名其妙地大发雷霆，把自己的不满情绪转嫁到孩子的身上，搞得孩子一头雾水，不知道自己究竟做错了什么事。像这样迁怒于人的行为也会让孩子饱受委屈，有口难言，有理难辩。

错误的原因多种多样，而能够一针见血地认识错误的本质并不是一件容易的事情，这需要长期的调查和思考，而且在实验中不断总结经验教训，并不是一朝一夕的事情。所以当我们要求孩子做深刻检查的时候，自己也应该有一个反省，能够重新认识问题，不搞独裁制，多听听孩子的声音，更不要急着下结论，免得冤枉孩子。如何减少大人给孩子造成的委屈呢？我认为和孩子多接触、交朋友是最重要的方法。

我觉得，只有和孩子坦诚相见，才能够了解孩子的内心世界，孩子也能够了解我们，对我们也会产生更多的亲和力。相反如果在孩子面前总是摆出一副高高在上的臭架子，让孩子从心底里就产生望而却步的敬畏，我们怎么能够了解孩子的内心世界，而加以正确的教育呢？精诚所至，金石为开。只有我们将心比心，与孩子做无话不谈的好朋友，相信任何事情都会迎刃而解的。

一俊不能遮百丑

前几天，有个朋友打电话问我，向我透露了一些埋藏在心里很久的秘密。这个朋友本来不想说这些事，毕竟这是家事，可是后来他的精神压力越来越大，忍不住想找个人说一说，求得精神上的解脱。事情是这样的：这位朋友一直东奔西跑，常年在外工作，家中两个孩子就交给了太太照看，近年来他总感觉与孩子沟通的语言越来越少，与太太也少了很多共同话题。

人生如匆匆过客，不惑之年的他为了养家糊口，背井离乡，四处漂泊，成了一部赚钱的机器。而每一次回到家里短暂的相聚，他总感觉好像是住在客栈。虽然他的孩子非常可爱，学习成绩也特别优秀，但是父子感情的距离却愈来愈远，孩子们对他总是不冷不热，常常无视他的存在。其实，在孩子们的心里，这个家没有爸爸已经是习以为常，只要有钱拿回来就什么都不重要，重要的是这个家有一个爱他们的好妈妈。

他常常渴望每天能够和孩子打电话唠上一句家常话，可每每事与愿违。他知道每周工作 25 个小时的太太照看家里不容易，可是很难想象太太究竟是为什么，常常是忙得不可开交，甚至在电话里与丈夫通话一分钟的时间都没有。他开始对家感到厌恶，唯一能够给他带来快乐的是家里那条狗，它一看到男主人，就摇头摆尾地凑到跟前来，让他感叹世态炎凉，人不如狗。

他对这个家越来越失望了，原本与他无话不说的妻子，对他的感情是渐行渐远，原本是亲密的父子，现在孩子对他仿若陌生人。他时常会做这样的梦：一个劫匪挟持他的孩子，在跟他讨价还价，然后孩子帮助劫匪数钱。现在，他常常想原来活泼可爱的孩子，为什么现在对他不理不睬；他想知道为什么孩子对老爸六亲不认；他想知道，尽管孩子学习优秀，像这样连老爸都不认的他们，以后走向社会将会是怎样的结果。其实他心知肚明，只是不愿意多想也不敢想。对于孩子的品德教育，他失败了。他不应该为了蝇头小利而四处奔波，远离了家庭的温暖以至于一错再错。

最后他终于明白了一个道理：“一生儿女债，半世老婆奴。”是错在不应该漠视这些看起来不起眼的家庭琐事，终至酿成苦果。是错在不应该视而不见，一个和睦家庭必须坚持的温馨，家和万事兴。更错在对孩子的教育不应该一忍再忍，将错就错，尽管他们学习优秀，然而，一俊岂能遮百丑？

孩子的独白

如果每一天喋喋不休地对着孩子指指点点，我们是否有想过他们会听这些唠唠叨叨的话语吗？换做我们自己又会如何？

我们是否会大声地说：爸爸妈妈请你们不要再说这些无济于事的话了，你们要想让我怎样做才好，你们就应该先给我做一个示范。不要每天讲那些听起来很美妙，却不切合实际的大道理。从你们的一言一行，就可以说明这些话都是空洞的，为何不言传身教，给我做个样子看看呢？你们要求我做的，在你们童年的时候，是否真的比我做得更好？那个时候你们的爸爸妈妈是否也对你们表示过失望，你们是否还记得，当承受巨大压力的时候，你们对爸爸妈妈是否也会深怀抱怨呢？为什么你们会把自己当年的痛苦一股脑儿忘得一干二净，时过境迁又转嫁到我们的身上。

我不是天才，就是一个普通人，至少从你们的身上就可以证明。在我的血液里流淌着再也不能有的平凡。可怜的天下父母啊，为了你们望子成龙的美梦，我却做了无辜的替罪羊，去做那些连天才也干不了的傻事，这究竟说明了什么。你们有时变戏法似的出一些鬼点子，把自己未完成的梦想生硬地嫁接在我身上。即便是这样，我也会竭尽所能地忍受，可是这种一厢情愿的梦想能成功吗？如果是成功了，你们自然欢天喜地，我也幸运地逃过一劫。如果是失败了，我就成了一无是处的牺牲品。

你们把自己无法实现的梦想嫁接于我，你们可以安心地工作和生活，而我却从此愁眉不展，试问这样的我还能做好事情吗？你们烦恼的时候，可以抽一支烟，喝点小酒，打打麻将，跳跳舞。而我烦恼的时候，你们却没有看到我内心的苦。虽然我羽翼未丰，可是我也会思考，不坦诚相待，不真诚沟通，你永远也猜不到我的心飘在何方。

你常常对我说近朱者赤，近墨者黑，可我有时看你也是劣迹斑斑啊，于是我对你若即若离，敬而远之。我每一次承受你的拳打脚踢过后，都会很迷茫，难道真的只有打是亲，骂是爱吗？我究竟来自何方？我是一个不懂世故的孩子，难道你们也是永远长不大吗？每一次你对我说脏话的时候，你知不知道，这样会伤害我的心灵，模糊你在我心目中的美好形象，我真的感到很灰心。

我们不要去做那些高不可攀的事情，可以吗？这些嫁接的梦想，不是对我的鞭策，而是对我无情的打击。消磨了我原有的积极性，让我对生活恐惧以至逃避。其实，我多少次都梦想着远走高飞，去追求我理想中的童年。我不想自己重复你昨天的故事。那个时候，你们不也是富于幻想吗？为什么今天你们对我的管教，不能尝试用一种新的方式呢。

如果我来做父母，我就不会把你们自己不喜欢的事情强加在你们的身上，我会聆听你们的心声，辨明是非，然后引导你们快乐地学习。我会把我喜欢的事情毫无保留地与你们分享，我们大家一起开心地过日子，毕竟快乐的人生才是最重要的。

爸爸妈妈！我从不奢求你们溺爱我，但也不希望爸爸用暴戾的表情吓得我战战兢兢。我只希望无论发生什么事情，一家人能够和和睦睦地在一起。

这是一个孩子发自内心的真诚呼唤，确实，我们做家长的，很多时候并没有考虑到孩子的想法，以至于给孩子的心灵造成了很大创伤，我相信，任何看了这份孩子独白的家长，内心一定很有触动。

要不时地赏识孩子

古有伯乐相马，说的就是千里马常有，而伯乐不常有。这种耐人回味的佳话流传至今。所以，我们周围的孩子有很多是千里马，只是我们没有发现他们的长处，不懂得开发孩子的潜能。

其实，赏识别人的长处是一门艺术，只有虚怀若谷的人才懂得其中的奥秘，并乐在其中。

在生活中我们也常常说不怕不识货，就怕货比货，其实真是这个道理。许多人懂得自我欣赏，欣赏自己的完美无缺。然而他们却看不到别人的优点，总是自以为是，更有甚者嫉贤妒能，打压千里马，不让其出人头地。圣人说：三人行必有我师。只有真正懂得赏识别人，才能得到更多的尊重，不懂得赏识别人是一件多么可怕而悲哀的事情。

姑且不论其他，只说我们在生活里对自己孩子的尊重是否足够，是否懂得赏识并培养他们的长处。每一个小孩子像花朵一样天真可爱，茁壮成长的他们是需要爱心的哺育；如果没有阳光普照，他们得不到关怀，精神一定会萎靡不振。无论这些孩子有多么积极向上的热情，如果得不到正确的爱心浇灌和鼓励，他们也会在恶劣的生存环境里，被消极的情绪所淹没直至枯萎。

其实，小孩子更加渴望得到别人的认可和赏识。特别是来自父母的宠爱，无论他们在外面遭遇怎样的风吹雨打，在他们眼里，家是最可靠最温馨的港湾，他们只要回到家里就会忘记种种的不如意，重新燃起希望的火花，雨过天晴之后，他们会更加坚强。许多时候，小孩子反感父母的冷嘲热讽，他们需要的是理解、关爱和肯定。

家长在赏识孩子的同时，其实也是自我素养的提高。孩子在你的关照下有了进步，你也有了提升，也会赢得更多认可和尊重，孩子也会对你更加尊敬。与其说这一份爱没有理由，倒不如说一分耕耘一分收获。小孩子得到父母的赏识，不仅仅可以使他身心健康，还可以增强他战胜困难的勇气。

毫无疑问，良好的家庭赏识教育是小孩子积极向上的动力源泉，也是需要持之以恒的大爱来浇灌的。谦卑是美德，赏识是艺术。每一个人或多或少都有自己的长处，只要我们根据实际情况，对孩子进行循循善诱、因势利导，相信小孩子的明天会更加美好。

让孩子知道幸福在哪里

吃过午饭，我们一家人漫步在林荫道上，夫人和我不经意地说起了一个刚结婚的朋友。我们在谈朋友婚后生活是如何幸福美满，走在前面的儿子突然回身，仰起头，一脸困惑地问道：“爸爸，什么是幸福？”面对儿子突如其来的提问，我一时不知所云，只好简单地回答了儿子的提问，一家人说说笑笑，继续向前走去。

晚上回来，躺在床上翻来覆去睡不着，自然想起了白天儿子问我的问题，思考着什么是幸福？

现实生活中有阳光的一面，也有阴暗的一面。阳光的一面好像有美好的天使时常陪伴在你的左右，阴暗的一面又好像有魔鬼引诱。我们的心在知足的时候好像畅游在爱的海洋，痛苦绝望的时候，整个灵魂和肉体像被抛在炼狱中煎炸。

其实天堂并不遥远，地狱也并不可怕，全部在于你我心里善恶的一念之间。烦恼住在贪得无厌中，幸福住在知足常乐里。

早晨醒来，当我知道自己还活着的时候，我对上帝心存感激，因为在这一刻不知道有多少人从此长眠不醒，渐渐地，我感觉到幸福的真谛。这时候，我想起了对儿子说的那些话，觉得那些话对幸福的解释太简单了，不能让孩子真正明白什么是幸福。不知不觉过去了两天，儿子回家了，我趁机找个空闲时间，对他说：我以前对你说的关于幸福的解释是不完整的，实际上整个世界对幸福也没有完整的解释，可是我觉得对你还是要多讲些，让你能够多了解一下。你看，幸福是一种感觉，当然也需要有实物做支撑。我自己感觉是很幸福的，因为我有众多爱我和我爱的亲朋好友常伴身边；又因为我远离疾病瘟疫，每天身心都健康；也因为我知足常乐，远离是非险恶，每天快快乐乐；再因为我有一个温馨幸福的家庭，妻贤子孝；还因为我心明眼亮，看得见世上很多美好的事物；更因为我远离硝烟弥漫的战场，远离贫穷饥饿。我对幸福的感觉就是这样子的。儿子听后若有所悟，说："爸爸，我的幸福跟你也一样吗?"我笑道："那怎么能一样呢？你呀！需要自己去慢慢寻找哦。"

其实，幸福就在知足常乐之中，说不完道不尽。就让我们一起怀着感恩的心，去拥抱美好的明天，切不要身在福中不知福，从而迷失了人生幸福的方向。

让孩子知道美来自心灵

有一天，在一家酒店遇到这样一件事：傍晚，我们一家人慕名来到这个小城最有名气的日本餐厅。果然是名不虚传，当我们来到的时候，饭店已经是人头攒动。

在服务生的带领下我们穿过大厅，来到了一间优雅别致的寿司厅。坐好位置后，服务生给我们每人递上了酒水单和饭菜单，让我们选择自己最喜欢的晚餐。不一会儿我们就点好了自己的最爱，正在静待服务生送餐，此时我瞧了瞧坐在邻近的一桌客人。看上去和我们一样，他们也是一个家庭的成员。一个约50岁上下的中年女士，带着她的两个女儿和一个儿子。还有一个和他们关系非常密切的朋友：一位金发碧眼年轻漂亮的女孩，他们几个人围坐在一起有说有笑的。

就在这时，一位高大英俊的男士手里托着啤酒和饮料从我们的身边走过去，径直奔向邻座的那一家。正当我暗自奇怪，这个人为何不同于其他的服务生身穿制服之时，他已经走到了那位金发披肩的女孩儿身后。毕恭毕敬地弯下腰，将手中的酒水托盘放到桌子上；然后轻轻地对着那个女孩儿说：“对不起，小姐！请问您还需要什么?”话音刚落，那个女孩儿微微一愣，迅速转过身来，突然一下子从座位上跳起来，扑向男孩儿的怀中。口中不停地大声重复着一句话：“我的天呀！我的天!”

突如其来的惊人之举，让原本喧闹的大厅瞬间变得鸦雀无声，大家把所有的目光都投向这两个紧紧相拥的年轻人，一时间竟没有人说一句话。也没有人去打扰这两个热情似火的年轻人在众目睽睽之下旁若无人地袒露真情。男的情意绵绵，女的喜极而泣。仿佛时间都为他们而静止，每个人都在默默地注视着，聚焦在他们的身上好久。

不知道是谁率先鼓掌，霎时群情激奋，大家不约而同地鼓起了热烈的掌声，向这对年轻人致以真挚的祝福！这时酒店的经理手中拿着摄像机从人群中走出，他激动地向所有来宾宣布：“尊敬的女士们，先生们，今天是这位女孩子的生日，她热恋的未婚夫是一名驻扎在阿富汗的美军士兵。爱她的男孩子事前没有告诉女孩子将要返国的具体时间，只是说在近期。就这样男孩子昨天悄然回来后，躲在家里没有同女孩子见面。为的就是要在今天女孩子生日的时候给她一个大大的惊喜，当作送给他心爱的人最好的生日礼物!”当经理的话讲完以后，全场再一次爆发起雷鸣般的掌声。接着一名服务生手捧着鲜花分别送给女孩子和男孩子。此情此景，我们也被感动得眼含热泪。

在我们就餐完毕，将要离去之前，酒店的服务生又手捧着插着蜡烛的生日蛋糕，来到女孩子的面前，和全场的人们一起唱起生日快乐歌！惹得我们也感动不已，和大家一起为他们献上真挚的祝福！最后酒店经理代表酒店全体员工向他们致意！并告诉他们将享受 50% 的优惠折扣。全场再一次欢呼雀跃。整个晚上，他们都是在温馨浪漫的气氛中度过，在回家的路上，两个年轻人紧紧拥抱在一起的场景，还浮现在我的眼前；雷鸣般的掌声犹在耳边。

像这样温馨的场面，以前我也是屡见不鲜。不过都没有细想，现在看来，我觉得要让孩子体会这种温暖的时刻，让他们觉得生活的美好和幸福的感觉。其实我们做家长的，平时对孩子的要求太高了，总是让他们做我们未曾实现的愿望，可他们毕竟是孩子，需要慢慢引导教育，通过事例教育他们，我觉得更有启发性。就拿这次遇到的温馨场景来说，在路上，我对儿子说："儿子，你觉得今晚的晚餐好不好吃？"儿子大笑道："当然好吃了，而且还有好看的场面呢？今晚真高兴！"我又问道："你觉得这俩人在一块的时候，幸福吗？"儿子说："当然幸福。你没看见我们都在为他们祝福呢？我觉得上帝都会帮助他们幸福的。能在这样的场合看到，真是很兴奋。"

其实，对孩子的教育，尤其是从心灵上进行教育比任何教育方式都要好，从根源上把握正确的方向，就好比把轨道修好一样，以后就让孩子沿着美好的未来进发就可以了。

教育孩子要从实际出发

我有许多朋友，有些人喜欢舞文弄墨，读读闲书，也有些人不屑一顾，闻书丧胆。在和前者的交谈中，他们大都是侃侃而谈，乐此不疲地讲着书中自有黄金屋，书中自有颜如玉的奇妙乐趣。而在同后者的交谈中，他们闭口不谈或者难以启齿有关教育的话题；有的朋友心直口快干脆说这不是他们的事情，自己也管不了那么多，对此我陷入了深深的沉思。

想到自己那些童年囧事。那时候，父母对我教育比较严格，他们想方设法对我进行栽培，希望我有朝一日能出人头地，做一个可用之才。然而那个时候的我实在不争气。不管父母对我进行怎样的劝说，我都是当成耳边风，每天的心思都用在玩耍上，对学习是毫无兴趣，结果白白虚度了宝贵的光阴，当然也辜负了父母望子成龙的殷切希望。

也许他们不知道棍棒教育是培养暴力倾向的温床，面对棍棒教育，我学会了阳奉阴违和自以为是。跟他们交流，总是会有抵触心理，所幸在我屡次的抗争中，他们终于明白了我的想法，放弃了世代相传的棍棒教育，改用温馨的爱来教育我，这样我才没有被现实击垮。

参加工作以后，我才明白书到用时方恨少的道理，尝到了知识贫乏所带来的苦果。后来我也和其他人一样娶妻生子，自己也做了父亲，这个时候我的意志并没有消沉，相反却激发起内心积极向上的意志。我想绝不能一错再错，要亡羊补牢，以身说法，不能够让我们的下一代重蹈覆辙。于是我从自己失败的教训中寻找原因，改变以前的教育方式，采用合乎情理的教育，用这种方式来影响我们的孩子。我相信世上无难事，只怕有心人。

在平时教育孩子的过程中，我们从来不搞攀比，本着一切从实际出发的原则。但是也不会遇到困难就放弃，更不会在主观上不积极努力，而在客观上找一些借口。古往今来，许多父母可能不识文字，然而他们却能够教育出德才兼备的好孩子，这些事例让我对教育孩子充满希望。

教育并不是高不可攀，只要我们能够积极地重视教育，以身作则，上行下效，相信就会结出丰硕的成果。看到有些朋友对孩子可谓是宠爱有加，然而他们却并不关心孩子的学习。用他们自己的话说：还学习什么？我们不是这一块料。殊不知，还没有进行尝试，他们自己就先自暴自弃，这样一来岂不可惜，其实这是一个对自己，也是对孩子极其不负责任的做法。当有一天小孩子长大了，问我们：为什么你们没有正确教导我们呢？如果你们能够多一点时间培养我们，现在的我们可能会更加幸福美满。真到那个时候，我们做家长的可能就是无言以对了。

一想到这里我就会不寒而栗，因为心中有很大压力，害怕我们的疏忽和不负责任的态度，也担心我们故步自封的做法，耽误了孩子本来应该有的锦绣前程，导致世代都是穿着新鞋走老路的窘况。

为此，我们应当自强不息，着手改变自己的教育观念。我们不是常常说：天下兴亡，匹夫有责吗？何不从自身做起，先振兴家庭教育，让“教育兴旺，家长有责”成为我们的座右铭。离开人世前，帮助我们的孩子赢得一个美好的未来，到那时，我们才可以自豪地说：这一生我没有白来一遭！

不能给孩子当头棒喝

有一天，儿子天真地问我："爸爸，您小时候学习好不好?"我硬着头皮据实回答说："不好。"儿子大吃一惊地笑着说："哦，爸爸，原来您是一个笨蛋呀!"我一时怔住了。

晚上，我在床上不禁想起了儿子白天对我说的话，翻来覆去睡不着觉。记得我小时候也很聪明好动，常被老师戏称为鬼精灵。其实我也有过优秀的成绩，不过如过眼云烟般短暂。那时候，造成我的学习成绩一落千丈的原因有很多种，不过最让我难忘的是在初中一年级时候的那件事：那时我的学习成绩在班级里一直是名列前茅，所以我从内心里就有点骄傲了，把学习看成是一件非常简单的事情。有一次，在上课的时候我无心听讲，自顾自地看小说。正在聚精会神的时候，丝毫没有发现老师已经站在我的面前，在这种情况下，一向对我关怀备至的老师也非常气愤，不由分说地抡起了手中的教科书向我的头上狠狠地砸来。

这一举动把我打醒了，也令我颜面尽失。从那以后我就开始讨厌学习文化课，并慢慢地学会了无缘无故地旷课。可我旷课并不为别的，只是为内心的那点爱好。我喜欢读书，尤其是对课外读物更是情有独钟，捧在手里如获至宝，常常废寝忘食地读。甚至在夜深人静的时候，我也会背着爸爸妈妈打着手电筒挑灯夜战，躲在被窝里津津有味地阅读。就这样晚上我是精神十足，白天我是萎靡不振，没过多久，我的学习成绩直线下滑。那个时候，为了应付爸爸对我的严格教育，我常常有模有样地拿着书本坐在那里认真学习，岂不知藏在下面的小说才是吸引我的动力。后来因为我总是旷课，老师最终找到了家里，真相大白后，爸爸对我是暴跳如雷。而此时，我也干脆是一不做二不休，明目张胆地逃避学习。爸爸更是毫不留情，对我棍棒相加。后来，几次的严惩让我更加厌恶学习，最终选择了出走。我走后，家里人大吃一惊，如坐针毡，一时间不知道怎么办，最后全体出动没日没夜地打听我的下落。直到八天以后，他们接到了派出所打来的电话，才知道我沿着铁路已经走出500里的消息。很快我被接回了家，从那以后，爸妈再也没有打过我一下，也从那以后家里变得越来越和睦了。因为耽搁的功课实在太多，我也无心补习，不久我就离开了学校，我当时真的很开心。

如今，我有点往事不堪回首的感觉。假如那个时候，我和家里人以及老师能够进行很好的沟通，他们能够及早地发现问题并对症下药，可能一切会变得美好。假如那位对我爱之深责之切的老师没有当头棒喝的行为，可能我仍然会求知若渴、喜好读书。假如那个时候爸爸妈妈能够多留意我的一言一行，抛弃不打不成才的教育观念，对我和颜悦色一些，可能我也不会一错再错了。只要多一份相互理解，只要那个时候年幼无知的我能够听话一些，可能所有的问题都会迎刃而解。要是那个时候我身边的朋友都是懂事的孩子，可能我也不会随波逐流……可惜时间不能倒退！因此我们要采取多变的方式去教育孩子，不要一棍子打死，那样会适得其反，到时候家长想弥补都来不及。

再者来说，孩子年龄还小，他们羽翼未丰，不知道人世间的冷暖，即使他们犯了错也是可以原谅的，而作为家长却不应该推卸任何闪失的责任。有了前车之鉴，我绝不会重蹈覆辙。我也知道每一个小孩子都是那么天真无邪、聪明可爱，只要我们多关心他们，并加以正确引导，相信他们绝不会令人失望，一定会青出于蓝而胜于蓝。

教育孩子要坦诚相待

我有一个好朋友教子有方，而且为人热情开朗，喜欢和大家分享教育孩子的经验。总是说他是如何移花接木，把一些常人无法做到的事情轻而易举地化解，直至哄得孩子围着自己团团转！令听众无不心悦诚服。他说他的撒手锏就是每当救急之时，常常对小孩子说一些善意的谎言。其实像这样为解燃眉之急而说的一些谎言无可厚非，然而万一掌握不好也会产生不良的后果，毕竟智者千虑，必有一失。

众所周知，任何事物的发展都会有两面性，有时明明是我们自己做得不对却不肯认错，想方设法把自己的责任推得一干二净，然后天花乱坠地讲一番大道理，把一个天真无邪的小孩子说得是喜笑颜开，心服口服。试问这种颠倒是非，自欺欺人的做法对小孩子的未来能带来多少益处呢？善意的谎言看起来头头是道，其实在本质上和强词夺理又有何分别呢？急中生智有时固然是好事情，然而如果是明知故犯还要将错就错，用那些粉饰的词汇教导孩子，与其说这是智慧，不如说这是危险的诡诈。今后让小孩子如何正确认识言行一致的行为呢？对我们来说，孩子是言而有信还是言而无信，跟我们自身的教育息息相关。我们在小孩子面前说过谎，以后还能泰然自若吗？

我们常常说千里之行，始于足下；冰冻三尺，非一日之寒。小孩子坏习惯的养成不是一朝一夕的，需要我们随时与孩子进行交流，懂得孩子的内心世界，不要总是用善意的谎言来蛊惑孩子，时间久了，孩子也会有这样的习惯，再加上他们的辨别能力不是很好，很容易出现问题，这绝非危言耸听。

近朱者赤，近墨者黑。我们的所作所为都会深深影响小孩子的一生。不可否认，谎言确实能在一段时间内让孩子懂得道理，然而弄巧成拙的话，就使小孩子在不知不觉中学会阳奉阴违，长此以往我们就难以捉摸小孩子的心理活动，不能与孩子进行良性沟通，从而无法正确引导孩子的行为规范。

在美国的家庭里，家长对小孩子讲善意的谎言非常少，但也有一些，最著名的善意谎言就是圣诞老人在圣诞节从天而降给每一个小孩子发送礼物。也因为这是一个非常特殊感恩的事情，所以没有人去戳西洋镜，有许多小朋友到了十岁的年龄，对此还深信不疑。

由此可知家庭教育对孩子的影响无法估量！这也是为什么欧美国家的小孩子鬼心眼不多的原因。他们对小孩子的教育开诚布公，甚至小孩子提出一些有关生理发育的问题，家长也不会遮遮掩掩，而是按照自己的想法告诉孩子。他们觉得孩子既然提出来了就应该告诉他们，免得以后让孩子觉得尴尬，我想这可能也是他们的先见之明吧。

所以说看问题不能够只看眼前和表层，眼光一定要看远点儿。教育的本身有迹可循，然而方法却是多种多样，只有聪明的人才喜欢聆听，智慧的人才喜欢思考。为了我们的孩子健康成长，就让我们一起去聆听孩子的声音，去寻找更加完美的教育方式吧。

让孩子学着吃点亏

儿子上小学二年级，他每天早晨都会高兴地去上学，午后又欢欢乐乐地回家。作为家长，我非常想知道儿子去学校的兴趣所在，于是我就找了个空闲时间和儿子谈话，看看到底是什么原因让儿子这么喜欢上学。儿子知道了我的想法，就兴奋地把自己在学校的事情说给我听。原来他们每天在学校除了在玩耍中学习知识外，老师还会讲一些有关感恩的话题。让孩子感觉到爱的重要性和广泛性，要爱你的家人，爱你的亲朋好友，爱你的老师，甚至爱你的敌人。要孩子们学会团结互助，学会吃亏，学会忍让，学会包容，学会聆听，学会积极向上，要做一个好孩子。

儿子的这些话语让我感慨万千，记得女儿刚刚来美国的时候，因为语言障碍，无法和当地小朋友们正常沟通，女儿唯有依靠我们才不会被冷落。

现在，许多孩子从小就受到一家人的宠爱，犹如掌上明珠，在家里常常是唯我独尊，绝不肯受到半点委屈。他们的父母也常常不明辨是非，甘愿为孩子做奴隶。他们的孩子与众不同的地方就是不能吃亏，长大了绝对不能受人欺负。岂不知强中自有强中手，能人背后有能人，当许多不愿吃亏的小孩子放在一起的时候那又会怎样呢？会不会产生各不相让，拼个你死我活的情况呢？到那时，小孩子的父母是否为当初的家庭教育追悔莫及呢？争强好胜的个性无可厚非，如果家长能够进行正确引导，这一定会成为孩子积极向上的巨大动力，相反如果家长对孩子放任自流，任凭小孩子为所欲为，到头来，有可能成为社会的祸害。

家庭教育的方式不是一成不变的，应根据实际情况进行不断调整与改进。所以说我们在教育小孩子的时候，一定要因地制宜、审时度势。有的小孩子天生羞涩，性格懦弱，这样的小孩子就需要我们经常鼓励；有的小孩子生性倔强，就需要我们严加约束、因势利导，绝对不能听之任之甚至推波助澜，这样很有可能把一个可造之才推向悬崖。现实生活中，有很多娇宠任性的小孩子在内心没有满足的时候，就大发脾气，性格怪异，毫无理智甚至怨天尤人。而经常吃一点小亏的孩子则不然，他们待人接物彬彬有礼，常常先人后己，有一颗宽容的心。即使他们在生活中遇到艰难险阻，也会从容不迫地去面对。

俗话说："忍一时风平浪静，退一步海阔天空。"孩子学会吃亏未尝不是一件好事，能屈能伸总比一意孤行要好上许多。不想吃亏的人常常会因小失大，得不偿失；而有远见的人才会常常吃亏，以德报怨。当然，小孩子的性格不是生来就养成的，它跟家庭教育是密不可分的。合理的家庭教育对孩子的身心成长有很大好处，而那些做事情件件都想要占点便宜的家庭教育则对孩子不仅没有好处，反而会让孩子养成贪小便宜的坏习惯，虽说贪图一时，可能不会有多大问题，可有句话：常在河边走，哪有不湿鞋。真到最后，或许就保不准吃大亏了。

不吃亏和贪得无厌、自私自利是远亲近邻，是产生祸害的温床，而吃点亏是战胜骄傲自满的双刃剑，学会吃亏又是逢凶化吉的灵丹妙药。

吃亏是福，切莫得寸进尺。劝君学着吃点亏，这样对你我，对孩子的明天会更好。

棍棒对决甜心

许多朋友在教育小孩子的时候特别推崇棍棒教育，他们多主张不打不成才。通过自己的高压政策，使孩子屈服顺从，乖乖就范；他们不辨是非曲直，盲目相信“慈母多败儿，棒打出孝子”的教育手段，进而顺理成章地推行自认为威力无比的棍棒教育。真是可悲可叹。

其实教育孩子的道理每一个人都心知肚明，性格温顺的孩子即使不打不骂，通过说服教育也同样能够达到教育的目的。而盲目的棍棒教育或许会适得其反，消磨的是孩子积极向上的学习热情，家长这样做实在是得不偿失。而对那些性格倔强的小孩子，即便是父母拳打脚踢也不见得能够让他们心服口服。其实家长也应该知道光靠打是不能让孩子诚服的，更何况在小孩子满腹委屈的时候，棍棒之下又怎么能让他们心悦诚服呢？

归根结底，这是崇拜棍棒的个人英雄主义在作怪，然而棍棒所起到的作用无非是“百炼成钢”，在棍棒变本加厉的“锤炼”下，让小孩子变得更加“坚强”。众所周知，有多少不良青年，就是在这样越挫越勇的境况下练成的，更何况鸡犬不宁的棍棒教育，也是制造家庭分裂的导火索，常常酿成夫妻不和，兄弟反目，父子成仇的悲剧。所以，要从根源上泯灭棍棒教育的种子。

一般来说，棍棒威逼下的孩子会变得口是心非，见风使舵。有些小孩子为了免受皮肉之苦，他们口口声声地说知错了，保证下不为例，其实只是口服心不服的权宜之计。事后又会旧病复发，屡教不改。其实都是那些把棍棒教育当成宝典的家长，他们把自己在外面所遇到的不如意带到家里，然后看到小孩子的做法不对就堂而皇之地把自己的不满发泄在小孩子身上，求得自身的解脱。这样的棍棒教育只会造成家庭矛盾的激化，使小孩子产生更加强烈的逆反心理，甚至忧郁成疾，选择轻生，这些都是我们做家长最不忍心看到的。

因此，教育孩子的时候，要学会设身处地地换位思考，对孩子溺爱和高压都不是最好的方式，要从自身的教育方式上找原因，小孩子的坏习惯，不可能与生俱来。只有不会教育孩子的家长，没有教育不好的孩子。聪明的家长喜欢聆听，智慧的家长喜欢思考。教育孩子的最好方式莫过于推心置腹地坦诚相见，要让孩子心服口服。用爱心来浇灌，用爱心来感化，让小孩子学会爱！爱自己爱家庭，爱自尊爱自强，爱一切美好的事物！这才是教育孩子的关键。让我们从今天开始做孩子最棒的引路人吧！

情商与智商的培养应并驾齐驱

每个父母都希望自己的孩子聪明可爱，将来无论是在生活上，还是事业上都能够幸福安康，出类拔萃。所以他们在培养孩子上都是下了很大的功夫。但总的来说，有的家长重视孩子智商的培养，或多或少就忽视了孩子的情商培养。更有甚者，以扼杀孩子的情商为代价，来换取开发孩子的智商。当然也有许多睿智的家长教子有方，在情商和智商的培养上因材施教，不分伯仲地齐头并进，使小孩子受益终生。

其实，现在许多的小孩子比从前的我们更加聪明伶俐。比如，他们几乎每一个从小都喜欢玩游戏，而且都是无师自通。在传统意义上，家长对小孩子玩游戏定会惊恐万状，觉得小孩子是在浪费宝贵的时间，于是他们想方设法去限制这些小孩，有的家长把孩子的游戏玩具不管三七二十一没收了，东掖西藏，紧接着就劈头盖脸地批评教育小孩子。矫正小孩子玩电子游戏的浓厚兴趣。他们想当然地认为，这样做可以使小孩子收起心，能够重新把注意力放到学习上来。可是结果并没有按照家长所想的那样，他们收效甚微。反而让许多孩子修成正果，成了“电玩高手”。

不可否认，沉溺于游戏的孩子中，好多是智商高的孩子，但最后他们在没有正确引导的条件下，除了玩游戏，对其他事情都不关心，造成了情商开发的严重滞后，给他们以后的健康成长带来不可估量的损害。

既然我们知道了这样一个道理，就应当对症下药，争取让孩子早日回归到正确的道路上。然而任何事情都要通过深思熟虑地权衡，特别是对小孩子的教育，不能朝令夕改，言而无信。所以说初为父母的朋友们，在科技高度发达的今天和新生事物的巨大冲击下，应该勇于面对，接受挑战，而不是穿新鞋走老路，或者干脆视而不见。

像我的女儿从小也是一个狂热的游戏迷，玩起游戏的时候，常常也是“乐不思蜀”。即使我们把她的游戏机收起来，也不能保证她马上把精力转移到学习上来，既然如此，何不让她痛痛快快地玩个够呢，然后让她静下心来学习，那样岂不是更好？就是这样边玩边学的家庭教育，女儿不仅没有沉溺于玩游戏、看电视，恰恰相反，她的学习成绩更优秀，社会活动方面也更出色，而且还很有逻辑思维，自我控制力也特别强。

所以说，无论看电视也好，玩游戏也好，只要把握分寸，不仅无害，反而有利于孩子智力的开发。到了我儿子的时候，绝大多数男孩子的确不如女孩子自律，玩起来更是忘乎所以，也更加难以管教。不过我的夫人善于审时度势，从来不给儿子增添过多的压力，有时候干脆跟孩子一起高高兴兴地玩游戏。后来，这种看似不成体统的“亲子教育”并没有影响儿子的学习成绩，相反，儿子在学习上更加勤奋，与他妈妈的关系也是好得不得了。

其实，在中国和美国，培养一个孩子所花费的精力都差不多。孩子都是家中的宝贝，望子成龙的父母都相信“不能让孩子输在起跑线上”。所以国内很多小孩子，牙还没有开始长齐就上亲子班，或者开发智力班，目前各种眼花缭乱的“班”是铺天盖地地袭来。而美国的家长更注重对孩子情商的培养，包括为人处世、动手能力等方面。

国内的孩子来到美国，以前数理化相对来说略占优势，然而在孩子情商教育的问题上却输给美国的小孩子很多。比如说，他们在与人沟通交流的问题上做得差强人意，有些孩子个人主义突出，不懂得包容，尊敬他人。有些学生说话自始至终都不会用平和的目光正视交谈的人，以示尊敬对方。

实际上，家家有本难念的经，尤其是国内的小孩子，不要说他们对别人如何彬彬有礼，即使他们在家里对待自己的父母或者其他长辈，都经常带着一种高高在上的表情。有的小孩子回到了家里后，就会把自己关在房间里，每天不到吃饭的时间不出来，吃完饭后，不懂得帮助大人做一些简单的清洁工作，或者说句感激的话语，就回房间去了。除了书本，他们几乎什么都不知道，比如爸爸妈妈的生日有的孩子也不一定能说出来。家长想方设法接近他，跟他攀谈，他也基本上用最简单的字或词回答你。

在物质时代，一些基本的孝悌情义渐行渐远。在孩子成长的过程中，我们是不是过分注重对孩子智商的开发，而忽视对孩子情商的培养呢？抑或是时代改变了，而我们自己还没有准备好转变观念呢？

当有一天，你发现一手培养大的小孩子变成自私自利的人，甚至为了达到自己的目的而不择手段的时候，你是否想过当初要是在情商教育上多投入一些，他也许就不会是这个样子。总之，如果没有一个良好的情商教育为基础，再好的智商教育又有何用。只有两者相互结合，才能够取长补短。如今，先学会做人的情商教育是否比智商培养更为迫在眉睫？我想，亲爱的家长们，你应该懂得的。

何不笑着做个草根专家

究竟什么样的家庭教育是完美的？众人的看法千差万别：是不是一定要有烦琐的循规蹈矩呢？是不是一定要哗众取宠的夸夸其谈呢？是不是对孩子要听之任之的放任自流呢？我想这些都是不好的。最为重要的应该是有种潜移默化的言传身教。让孩子能在一个温馨的家庭氛围中得到关爱。

众所周知，家庭教育本身是一个循序渐进的漫长过程，良好的家庭氛围营造不能够一蹴而就，是需要日积月累地付出和保持巨大的耐心。家庭教育是一个简单至极的事情，有时候的确不需要那些教育专家的指点。凭着良好品行，也同样可以起到意想不到的教育效果。这其中，教育孩子从平凡中学习，学做一个好孩子，是一件最为艰巨的任务。因为只有好孩子，才可能将来作出更多好事情，使小孩子成为德才兼备品学兼优的优秀人才，这也是我们最终的教育目的。

俗话说：正人先正己。用实际行动去影响感化小孩子，而不是头脑一热脱口而出的冷嘲热讽和拳打脚踢。有的教育专家的金玉良言，确实能够警示部分家长，使其豁然开朗、受益匪浅。这是因为他们对事情的本质有独到的认识和见解，往往能够一针见血地指出问题的关键和合适的解决方法。他们不遗余力地为他人排忧解难，令人非常敬佩，值得我们学习和尊敬！而有的所谓“专家”则不然，他们喜欢沽名钓誉，常常故弄玄虚，然后煞有介事地振振有词，并且不厌其烦地要听众心悦诚服。可是又有谁知道这些所谓的“权威”有时也是不靠谱的。一个连自己的孩子都培养不好的“亲子专家”又怎么能指导别人教育孩子呢？家家有本难念的经，一个对自己的家庭一知半解或者一无所知的教育专家，怎么可能对症下药地管教孩子呢。实际上，每个家庭的情况各不相同，劝说各位家长一定要慎重对待。盲目的专家崇拜害人害己，只会让自己更加失望。所以，再好的教育专家，他所说的话也只是一个有价值的参考，需要我们灵活掌握，而不是一成不变的标准答案。

我建议家长们何不自己笑着做草根专家！家庭教育事无巨细，只要我们多一些关爱，多一些耐心，教育孩子先学做人，时刻铭记言出必行，踏踏实实从小事做起，假以时日，实至名归的教育专家非你莫属！

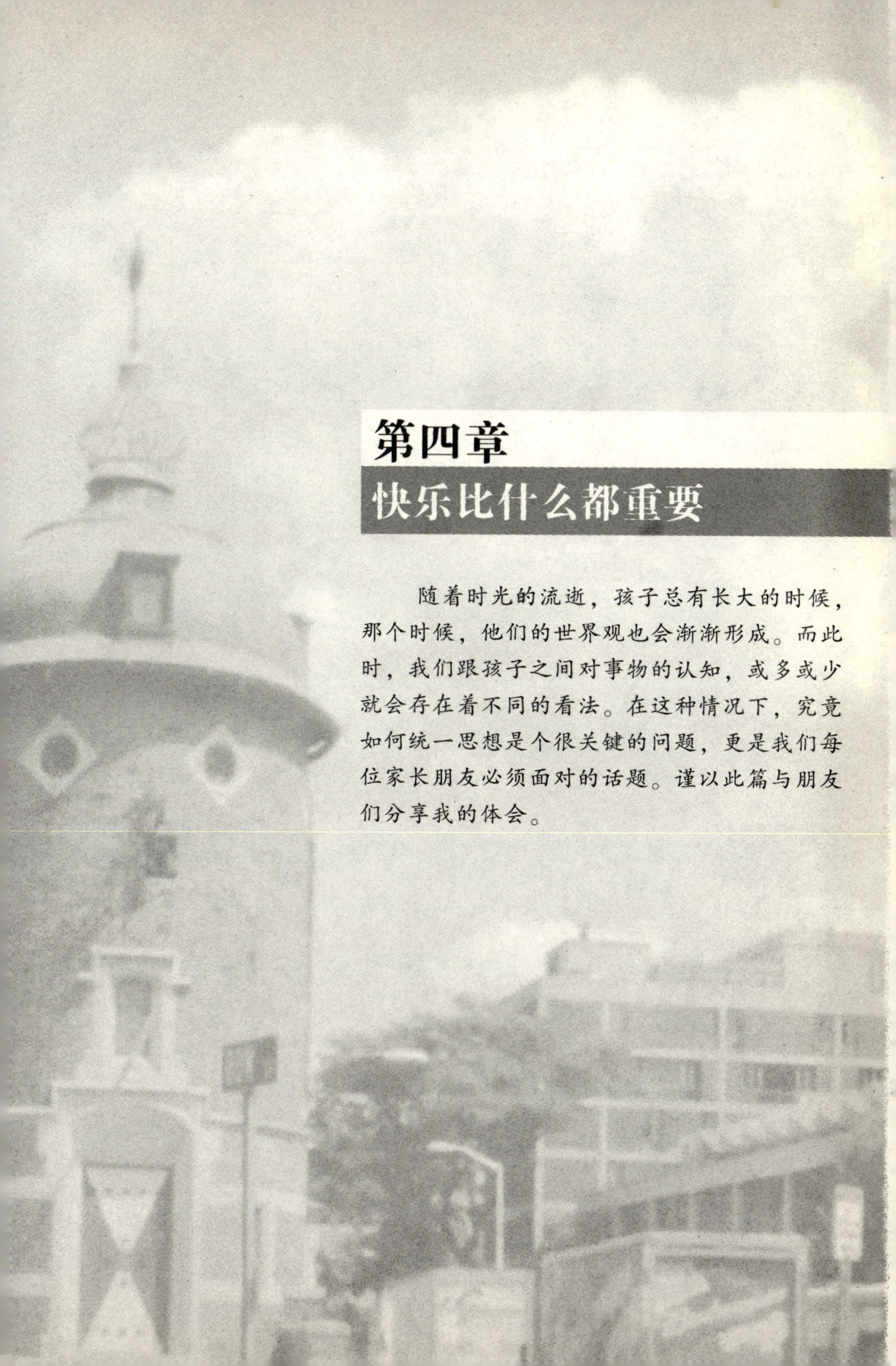

第四章

快乐比什么都重要

随着时光的流逝，孩子总有长大的时候，那个时候，他们的世界观也会渐渐形成。而此时，我们跟孩子之间对事物的认知，或多或少就会存在着不同的看法。在这种情况下，究竟如何统一思想是个很关键的问题，更是我们每位家长朋友必须面对的话题。谨以此篇与朋友们分享我的体会。

快乐的人生远比分数金钱更重要（一）

千百年来，民间一直流传一个美丽的故事，说的是孟母教子，她把儿子培养成了千古圣贤，也成就了自己不朽的美名。其实，孟母自己并不是那种知识渊博、学富五车的女学究，可是她的教子方法得当，培养出了一位超凡入圣的儿子。这其中的道理非常简单，孟母找到了最合适的教育方法，再加上孟子自身的不懈努力，最终修成正果，成为万人敬仰的圣人。而且从中我们也可以得出教育不分贫富的结论，只要通过主观的正确认识和努力，在客观上就会有进步。

其实，从古至今，又何止一个这样的案例呢？它们给我们很大的启发。我在教育女儿的时候，着眼点不是盲目追求超高的分数，而是把健康的体魄、快乐的人生作为培养小孩子的首要任务。会玩的孩子更聪明，聪明的孩子更会玩。我们每一个父母都希望自己的孩子天真活泼，聪明可爱。可是试想一下，饱受压力的孩子，他们会活泼可爱吗？回答当然是不会的。在小孩子的成长中，什么是最重要的呢？我觉得是健康的体魄和良好的精神状态。

可全天下的父母往往都忘记了自己的初衷。所有的父母都希望自己的孩子将来能够出人头地，幸福快乐，然而有的父母却没有设身处地地考虑孩子自身的感受，一心只想望子成龙，结果把孩子推进了一个脱离现实的残酷教育当中。他们把自己没有完成的梦想转嫁给孩子来实现，试图创造奇迹，可是他们根本没有正视揠苗助长的残酷，会让小孩子的思想早熟，过早地失去应有的天真，过早地对生活产生强大的压抑感。

这种案例很多，在我的身边有许多知识分子朋友，他们大都毕业于国内著名大学，后来留学国外，他们也都曾是让许多人钦羡的小神童。然而现在他们对自己的孩子教育却与自己的儿时教育完全相反，因为他们深深地知道做神童背后的代价是什么。他们是不幸中的万幸，因为有更多不幸的孩子在征途中一个个倒下。一位朋友说：学习靠的不是别的，是兴趣！不是条件和环境，是自己持之以恒的兴趣。从出身上讲，像他们这些来自农村山沟里的孩子，他们的父母大字不识一个，学校里连个窗户都没有，硬是靠着他们的毅力，最终走上了这条道路。如今他们绝不会让自己的孩子再走老路了，神童的路艰难曲折并不好走，何况大家知道自己并不是所谓的天才，没有理由让孩子成为神童的牺牲品。

众所周知，小时候就获得奥数冠军的人，长大以后没有一个人在数学上取得卓越成就的。而另外一部分人，比如微软创始人比尔·盖茨，苹果创始人乔布斯等，他们小的时候都不是成绩出众的神童，甚至有的人连大学都没有读完。

我想说的是，不要把心放得太高，不要随波逐流，应当循序渐进，采取因材施教的教育方式，不要把我们不切合实际的梦想残酷地施加在小孩子的身上。有的朋友希望孩子学这样学那样，岂不知孩子也希望家长、老师能手下留情，还给他们更多玩耍的时间。家长对孩子的心思不了解，孩子呢？没办法，只好硬着头皮上，结果呢？自然影响孩子的一生。其实，对孩子来说，还有什么比快乐的人生更重要呢？还有什么比健康的体魄更值得珍惜呢？发明大王爱迪生就是喜欢玩耍，结果造福了整个人类。

所以，看问题一定要了解它的本质，不要只看到光鲜的外表，教育孩子更是如此。

快乐的人生远比分数金钱更重要（二）

“孔融让梨”的故事可谓是家喻户晓，可是正因为孔融的聪明绝顶，过于自负，使他养成了桀骜不驯、狂妄自大的个性，最终招来了杀身之祸。有许多朋友可能真的不知道强扭的瓜不甜，高压的教育方式得出的果子不一定称心如意，揠苗助长的结局只能是一无所获。当孩子压抑已久的情绪一旦像火山爆发的时候，这也许是一件好事，因为至少我们会清醒地去重新认识问题，并设法找到解决问题的方式。真要到了孩子天天萎靡不振、垂头丧气的时候，那可能是大难临头的时候了。尽早发现孩子的思想问题是极其关键的。

不要把孩子塑造成自己理想的影子，就像是我们自己不希望活在别人的影子里一样。每一个人的命运和天赋各不相同，不能够把所有的成功经验强加在一个人的身上，那样再优秀的小孩子也会不堪重负，还可能会物极必反，消磨他们本来就有的积极向上的热情。当孩子变得和你若即若离之时，那么我可以肯定地告诉你，孩子已经不愿意充当你的影子了，他想追求自己的生活方式。他想要挣脱你的束缚，走一条属于自己的道路，并最终摆脱你无处不在的阴影。

许多家长只会做自己的美梦，却不知道孩子的酸甜苦辣。有相当一部分聪明可爱、天真烂漫的孩子因为来自家长、学校和社会的强大压力而无法解脱，因而患上了严重的精神忧郁症，更为不幸的是每年都有很多才华横溢的天之骄子，结束了年少的生命。在他们临走之前，没有人清楚地知道他们的内心世界，他们走了以后，亲朋好友才悔不当初。

哈佛大学是世界排名第一的大学，是许多莘莘学子向往的学术圣殿，大家想方设法使尽浑身解数也要成为其中的一员，殊不知这里的学生也是承受巨大的压力，每年都有近 20% 的学生因为不堪重负选择了休学，也有相当多的学生患上了精神忧郁症，还有部分人因此命赴黄泉。这绝非危言耸听。

强中自有强中手，孩子在成长过程中时常会遇上这样的问题。当他们战胜对手的时候，心中会豁达快乐，可是稍一松懈，也许就会被别的对手所击败。聪明豁达的人一笑了之，他们会很快从失败中站起来，重新认识人生。而那些冥顽不灵的人想不开，转不过弯来，甚至会心灰意冷，自暴自弃，再也看不到昔日的风采。

如果我们真正爱护孩子，就应当理解孩子的所作所为，实实在在地去关心他们的生活和学习，帮助孩子尽量减少烦恼，不要过多地给孩子施加压力，给他们增加烦恼。作为家长，要有责任让孩子快乐地生活，不要把自己的梦想建立在孩子的痛苦之上。应当多给孩子创造其他机会，让孩子去接触更多的新生事物，让他们自己从中选择喜好。这样，培养出来的孩子当然会对生活、人生更加喜爱了。

总之，教育孩子应当从教育家长和老师开始，他们应该转换思想观念，去做一些有利于教育孩子的事情，绝不是本末倒置去拿一个还不懂事的小孩子做实验，让他们成为教育的牺牲品、替罪羊。鉴于此，让我们放下华而不实的虚名，不要固执己见，设身处地以找到更好的教育孩子的方式，毕竟快乐的人生远比分数更重要。

快乐的人生远比分数金钱更重要（三）

有两位来自北京的朋友，他们是夫妻，并且都是博士，他们的孩子刚好与我儿子是小学二年级的同学。自幼参加了许多课外活动，芭蕾舞、钢琴、中文、游泳、跆拳道、绘画、高尔夫球、保龄球等，可谓是多才多艺。这几天我朋友夫妻二人去国外参加学术会议，于是他们的小孩子就借宿在我们家里。

一天早晨，夫人去看两个小朋友是否起床了，结果一看目瞪口呆。两个小家伙还在酣然大睡。由于担心去教会的时间晚点，在九点半的时候，夫人终于忍不住把两个小家伙从美梦中唤醒。并调侃地说：你们是不是偷懒，睡到现在，为什么昨天早晨一听说看电视就七点钟起床了？两个小家伙相视一笑，就准备起床了。

从教会回来的路上，夫人对朋友家的小孩子说："回到家后，你们两个要一起学习一个小时的中文。"谁知小孩子不假思索地说："啊！还要一个小时呀，我觉得 15 分钟就可以了。"

夫人回头问儿子一个小时怎么样？儿子也说："多玩一会儿好不好？"夫人听罢，只好让步说："那就半个小时的时间。"两个小朋友听到后高兴地答应了下来。

从这里可以看出，小孩子真正需要的是玩耍，而不是填鸭式枯燥乏味的学习。人生的童年不是把自己关在房间进行死记硬背的学习，而是要有足够的时间去玩耍。让孩子在玩耍中能潜移默化地学习，在学习中知道更好的玩耍，达到劳逸结合的程度。由此我们对孩子教育方法的理解是：健康教育、品德教育、快乐教育和知识教育的结合；而学做人，循序渐进地培养兴趣是我们教育孩子的首要任务。

健康的体魄是我们对孩子最为关心和期望的，这也是其他教育最根本的保证。还是那句话，身体是革命工作的本钱！身体越好，本钱就越大，做起事情就会得心应手，相反如果每天无精打采，那样还能做好什么事情呢？

快乐教育就是心理素质的教育。无论在什么时候，都要让孩子有一颗感恩的心，让他们有一颗充满快乐的心。能够坦然面对任何困难；不会因为生活中的一点点挫折就垂头丧气，甚至自暴自弃。凡事要往好的一面去想，学会热爱生活，追求美好的东西。毕竟一个人活着，除了有一个好身体，那就数快乐最为重要了！

知识教育，顾名思义就是要拥有知识。如今是一个知识竞争的时代，我们应该让孩子懂得知识的重要性。俗话说：知识就是力量！知识就是孩子明天羽翼丰满的动力。但是对待不同的人，会需要不同的知识，这并不是千篇一律。所以作为家长要学会积极帮助孩子拓宽视野，让孩子能更多地体验生活、喜爱生活、喜爱新生事物，从而找到更加适合孩子学习的新知识。至于文化知识，相信只要孩子有足够的学习兴趣，我觉得有学校老师的教导就足够了。毕竟我们所掌握的知识和传授的方法，不一定能真正辅导好小孩子。我们需要做的就是随时和学校老师保持紧密联系。这样，即使出现各种困难，我们也会迎刃而解。

对于补习班，仁者见仁，智者见智，如果能够在课堂上弄懂，我觉得就没有必要在课外进行过多的补习，那样反而会增加孩子的负担。一般来讲，热衷补习的大都是家长而不是孩子，不过有的补习对有的孩子来讲确实是受益匪浅，而有的只不过是走走过场。我女儿从来就没有参加过补习班，她把主要的精力都放在了课堂的学习上，一遇到不懂的地方就及时向老师请教。放学后，她还坚持做一些有规律的预习。一定要保证当天的作业当天能够完成，不会找一些借口拖到第二天。另外，女儿还常常去图书馆借书，通过温故知新的方式去学习更多的新知识。

总之，掌握了这几点，我觉得就把握住了教育孩子的大方向了，以后教育孩子也会更加实用。

引导孩子学会做人

有人说：人生的差异在于小时候读过多少书；也有人说：人生的差异在于学习的分数是否高。面对这样的回答，我们自己并不认同。我觉得教育本身还是首先看重德育。从小就让孩子知道怎样做一个合格的人，包括为人处世，这才是做人的基本问题，任何教育都离不开品德的教育。如果背离了这个方向，那么一切都是空谈，即使培育出的孩子能力超强，如果他的品行不端，也是徒劳，所以说人生的差异在德行。

而对其他知识的掌握，每一个人的分辨理解能力有快有慢，各不相同，没有统一的标准。在孩子学习的时候，我们家长只要竭尽全力地加以引导就可以了，没有必要往死胡同里钻，非要让孩子名列前茅。实际上，这不是决心和努力的问题，也不是孩子肯不肯学习的问题，而是个人的自身条件使然，所以做家长的不应该相互攀比。即使孩子废寝忘食，付出加倍的努力，学习成绩也不一定占到班里的前几名。所以只有因材施教才可以扬长避短，挖掘出孩子的潜力，发挥孩子的长处。

我自己读书不多，常常被夫人讥笑为没有文化，可是我并不介意这些。然而我有时也按捺不住，对夫人反唇相讥：我比起那些饱读诗书的文化人确实有很大的差别，可是人生的价值不在于读书的多少，而在于人的道德品质。有很多人读的是圣贤书，行的却是作奸犯科的坏事。也有许多人大字不识一个，但他们淳朴善良，乐善好施，成为德高望重的人。

现实中，许多人都忽略了品德的修养，所以他们常常迷失自我，以至于怨天尤人。他们有时候觉得生不逢时，怀才不遇，于是整日郁郁寡欢，什么事情也不想做，其实这也是读书的差别。那些人并没有真正地把书读透，要真正理解的话，就不会出现那些患有心理疾病的现象了。

我觉得品德教育可以帮助孩子找到人生的正确方向，也是孩子将来成长必不可少的基石。如果一个孩子没有正确的人生观，读书越多，祸害越大，将来有朝一日，必将成为害群之马。所以，我教育孩子不奢求大富大贵，一定要做一个脚踏实地、作风正派的好人。

当愿望和孩子的理想发生冲突时，父母该怎么办

我们常说要给孩子创造一个幸福温馨的空间，于是我不由得在心里想，这应该是一个什么样的环境呢？我记得，在孩子童年的时候，通过我们的辛勤努力，确实可以给孩子提供一个高品质的成长环境。然而，随着孩子一天天不断地成长，视野不断地拓宽，我们感觉到自己的能力却变得越来越小，而孩子的羽翼逐渐丰满了，这使我们重新陷入到苦恼当中：我们常常责备自己，心有余而力不足。不过从另一方面看，这也使我们高兴不已，毕竟孩子已经长大，他自己能够做一些事情了。

此时的我们略感欣慰，心里想着还是让孩子张开理想的翅膀自由地翱翔吧！这不正是我们期望已久的吗？可是伴随的问题又来了，孩子的理想到底是什么呢？它会是我们所期盼的那样吗？如果与我们的理想不谋而合，那自然是皆大欢喜；如果背道而驰，那肯定会使我们大失所望。尽管孩子应该有自己的

生活空间，但是从感情上，我们还是难以接受，多少有点失魂落魄的感觉。而这又是我们不愿意看到，可是它迟早会出现的。面对这个棘手的问题，我想这个问题也曾难倒过很多父母，也让许多羽翼渐丰的孩子陷入进退两难的境地。此时此刻，我不由得扪心自问：孩子的理想和幸福是我们可以给的吗？我们凭什么信誓旦旦地能给孩子幸福呢？难道不会弄巧成拙吗？把自己的理想强加在孩子的身上，以实现自己的抱负，这样对孩子是不是不公平？是不是残忍？让孩子去做一件自己毫无兴趣的事情，他会感觉快乐吗？这是给他的人生幸福吗？假如他按照我们的选择进行生活，他会快乐吗？在今后的生活中，他会不会后悔当初没有能够坚持自己的选择呢。即使不会，作为父母的我们会不会追悔莫及？为什么当初我们的目光那么短浅？在这其中，当事者往往比较迷茫，而旁观者看得却很清晰。在看似艰难的抉择中，其实说来也很简单。首先和孩子建立起良好的沟通，真正了解孩子的内心世界。不盛气凌人地摆出一副长辈的样子。一定要心平气和，不要给孩子带来丝毫的心理负担，尽量减轻他们面对升学时所承受的压力。千万不可以火上浇油！既要摆事实，讲道理，更要从实际情况出发，切不可盲目攀比、想入非非，做一些可望而不可即的傻事。

如果你的孩子想法过于天真浪漫，或是过于依赖家人，那么你一定要想方设法多培养他的自信心。当然要动之以情，晓之以理，加以正确地引导，绝不能听之任之，放任自流。温室里长不出鲜艳的花朵，不经历风雨，又怎么能够看见天空中的彩虹。不让孩子在大风大浪中锻炼成长，未来的日子里，他们怎么能够养成坚强的意志。面对惊涛骇浪之时，他们又怎么会有勇气去克服困难？当然，也没有哪位父母会希望自己的孩子总是生活在自己的羽翼之下。这时，父母要给孩子指路，适当地进行鼓励，激发他们积极向上的热情，远比说一些不着边际的话语更有意义。当我们无法说服孩子，甚至无法说服自己的时候，我们还等什么？我们不是常说要转换思考吗？何不设身处地地站在孩子的立场，为孩子想一想。那样家长就会看到广阔天空的一片光明，心情也会豁然开朗。这样不是更好吗？

如果你的孩子自立能力比较强，世界观也非常成熟，那么你一定要多多悉心倾听孩子的声音。毕竟现在的他们已经长大了，有了自己的想法，这点我们一定要承认。我们的理想不也是会随着时间的推移慢慢地改变吗？我依然记得27年前，我的理想是希望每天能够去建筑工地，干上十几个小时能够挣到十元钱；又过了一年，我的理想是能够成为一名军人；再过一年，我的理想变成了做一名大律师；而现在的理想是希望能够成为一名光荣的义务工作者。

由此可见理想不是一成不变的，有的时候距离现实又是那么遥远，有的时候又是那么不切合实际。而我们自己的许多理想都改变了，要么已经实现，要么被时代所淘汰。确实，当我们追求理想的时候，才发现那是一件难于登天的事情，可能也会把自己一步一步地推向孤立无助的深渊。时代在进步，如今，我们没有墨守成规地按照老一套去做，才得以改变教育方式，最终把小孩子教育好。说了这么多，我想教育小孩子其实也并不难，如果我们都把思想打开，不再成为孩子前进征途的绊脚石，而是成为他们前进中的动力源泉，那样的话，孩子的教育就迎刃而解了。

最后我想说的是，昨日需要精心呵护的幼苗今天已经长成了参天大树，为了孩子更加美好的未来，我愿意放弃一切腐朽的固执己见，扶女儿上马，送她一程祝福，还她一片自己的空间，望着她快马加鞭，自由自在地驰骋在广阔的天地。

给女儿减压势在必行

又是一年一度的感恩节，我们一家又可以再一次的团聚。

女儿终于回来了，我们都四个月未见到她了，当她站在我的面前时，我的心一下子凉了半截儿。看得出来女儿比以往更加成熟，也更加漂亮了，然而孩子的面容也憔悴了许多。我不忍心去问孩子，为什么才短短的几个月没有见，居然瘦了这么多。女儿一下子看出我的心思，风趣地笑着说：我最近吃的是营养食品，虽然是瘦了，但是显得更加健康了。

我的心里犹如打翻的五味瓶，真不是滋味。当然即使不问，我也知道，自从孩子上大学以后，就没有睡过一个好觉。每天都是学习，学习。她睡觉的时间从来不超过五个小时，甚至在吃饭的时候也不忘看书学习。对女儿来说，学习成了她生活中最重要的事情。可是年复一年地这么努力学习，我真担心她的身体如何吃得消。

我觉得只有身体才是生活的本钱，即使学富五车，纵有经天纬地的本事，而没有一个好的身体也是白搭。我想，无论做什么事情都应该有一个尺度，否则物极必反。

我常常想起一个人，就是书中的范进，他的痴狂让我汗颜，也让我胆战心惊。我害怕自己的女儿也变成这样的人。我常常问：究竟几时我才可以从里面走出来？是孩子太辛苦了，还是我太专注了。我不停地问自己，我该做什么，我该怎么做。我不奢求荣华富贵，只求孩子健康快乐，一家人安康。

孩子学会了老实低调

好久没有见到我那可爱的儿子了。我确实想得心里发慌。一清早儿子那熟悉的声音就从电话那头愉快地传了过来：爸爸你好吗？我想你了！现在你有没有起床。儿子关心备至的问候把身心疲惫的我一下子从梦乡中唤醒，我顿时精神抖擞与儿子说话，在我心中再也没有比与儿子拉家常更享受的事情了。我知道这不仅能够加强和儿子感情的交流，也能够了解儿子近来的思想变化，还可以锻炼儿子学习中文理解能力和口语，实在是一举多得的好事情。

今天的通话不同以往，看来儿子是有备而来，开门见山对我说："爸爸！听妈妈说您准备要写一本书是吗？"我高兴地说："是的。"儿子听了以后，对我说："那好吧，可是您千万不要提到我们！我和姐姐都不喜欢把自己的名字放在书上，因为我们自己做得还不够好，这样自吹自擂会让别人笑话的。"天呀！乳臭未干的小毛孩儿竟然也有自己的主意！儿子的话音刚落，我就迫不及待地申辩，急忙给儿子耐心地说明为什么要这样做。虽然我知道女儿和儿子都不喜欢炫耀，只喜欢平平淡淡地生活。

午后，我又想起了儿子对我说的话，渐渐陷入了沉思：是不是我追名逐利？是不是我哗众取宠？是不是我真的错了？想来想去都不是，因为我只是想尽心尽力去做一些众人以为有益的事情。与那些比我年轻而关心孩子家庭教育却不得其法的父母们，分享自己的养儿育女的体会，与大家一起相互学习、共同进步。

可现在，信心满满的我以为能赢得他们的支持，没想到他们给我泼来一盆冷水，我不得不再一次地陷入沉思：也许是突如其来的缘故，他们还没有准备好。夫人也保持了沉默，女儿更是遥相呼应、极力反对。我真的做错了吗？问问苍天，我别无所求，就是真到能够出版的那一天，我也绝不会将稿酬纳入囊中。我会把那些钱毫无保留地捐给那些急需帮助的贫困家庭，使他们的孩子也能够受到良好的教育。

几天以来，一言不发的夫人终于打破了沉默，说出了心中的顾虑：不是有一句老话：人怕出名，猪怕壮吗！你的想法会不会给孩子招来不必要的困扰？就拿女儿的学校来说，每一个学生都是聪明绝顶，非富即贵，家世显赫的更是数不胜数，可是大家做事都非常的低调。平时藏头藏尾还来不及呢，从没有一个学生告知天下人说自己是哪个国家领导人的儿子，也没有一个学生说自己是哪一个国家的王子。他们在一起的时候都是普通人，只想过着平平淡淡的生活，默默无闻地学习，唯恐受到外界环境的干扰。虽然你的出发点是好的，如果弄巧成拙，岂不是让孩子蒙羞，这样就会得不偿失啊？天下哪个父母愿意看到自己的儿女被别人拿出来成为街头巷尾谈论的话题呢？再说美国的孩子从小在学校里，就培养他们的团队精神，不提倡个人英雄主义的！这一点你要理解孩子们。

毫无疑问，夫人的才智远胜于我，我恍然大悟以后，心情舒畅了许多。可是箭在弦上不得不发啊，这倒让我左右为难。深思熟虑以后，我准备想再一次说服夫人：任何事情的发展的确都有它的正反两面性，我将义无反顾地坚持自己的想法，和关注家庭教育的父母们分享管教孩子的心得。即使事与愿违，也让我彻底死了这条心。后来，夫人还是接受了我的建议。

不管怎么说，通过这一件事，我看到了儿子和女儿老实做事、低调做人的优良品质。比起从前的我来说，那可真是强上百倍。真是长江后浪推前浪，一浪比一浪出彩。

多留给孩子一次机会

一般来说，小孩子都很天真无邪、聪明可爱，这种与生俱来的特质决定了他们接受新生事物，学习新知识会很快。有许多家长，他们的教子方法确实不错，他们教育得法，使孩子没有走过多弯路，轻松地学会了生活中必备的新知识。而一些初为父母的年轻夫妇，缺少养儿育女的实际经验，面对小孩子一天天的长大，不知道该如何进行正确的教育。

有的家长一心望子成龙，死搬亲子读本，到头来把孩子带入他并不喜欢的学习环境。有的家长互相攀比，没有设身处地地换位思考，把教育孩子当成科学实验田，随心所欲地揠苗助长，结果孩子一事无成。有的家长应酬繁重，对孩子的成长缺少关心，不闻不问，放任自流，结果孩子心理疾病严重……其实，这些现象随处可见，许多人都习以为常了。总之，许多家长说得多而做得少，或者他们总是按照自己的想法，很少去体会孩子的内心想法，和孩子一起去做更多的尝试和探讨。这样的做法都是不合理的，不符合孩子的心理特征，也违背家长的初衷。

其实，美国孩子的教育重点是育人为本。其次是在广泛的玩耍中学到知识，务必培养小孩子的想象力和创造力，在这一个过程中，尽量根据孩子的发展情况，找到适合每个小孩子的教育方式。比如，让小孩子学习游泳，能够增强体质，也许会发现他异于常人，是一个不可多得的优秀人才。让孩子们学习绘画，除了能够陶冶情操，也许你会发现艺术天才近在咫尺。让孩子学习跆拳道，除了能够强身健体，增强自信，也许你会发现有朝一日，他就是一个绝世高手，等等。美国的学校会竭尽所能地多给小孩子创造一些接触新生事物的机会，使他们有更多选择的空间，这样不仅能够拓宽视野，也能够轻而易举地找到小孩子的兴趣点，以便能够合理地培养孩子的特长。

相反，如果给小孩子提供展示的机会过少，就很难判断他们究竟适合学习什么样的知识，就像让一个酷爱美术的天才去学习散打，让一个音乐天才去参加马拉松比赛一样。孩子在自己不擅长的领域进行艰苦的训练，浪费时间不说，关键是消磨他们的意志，日后对自己感兴趣的事物也提不起兴趣了，他们已经养成被动接受学习的习惯了。

值得一提的是，在美国的学校，老师时刻都在鼓励每一位小朋友，赏识小朋友的良好表现，着重培养他们的自尊心，激发他们积极向上的热情。比如，学校经常搞一些让每位小朋友充分展示自己的表演，而他们自然是全力以赴地展示自己的才能。在这个过程中，老师所能起到的作用就是关心和鼓励！老师清楚地告诉每一位小朋友，机会对任何人都是平等的，只要通过努力，任何人都会获得成功。举办这样的才艺展示，不仅可以拉近师生距离，更有利于老师管理孩子，发现小朋友们的天赋特长，培养孩子积极向上的学习热情。别的孩子不说，我的女儿正是得益于这样的赏识教育，她的学习兴趣才变得尤为浓厚。

古人说：千里马常有，而伯乐不常有。这就是告诉我们要学会赏识的艺术。谁不想把机会留给自己呢？谁不想得到掌声如雷的赞许呢。多留给自己一次机会，一个改过自新的机会，一个求得包容宽恕的机会，一个留给孩子展示才华的机会。国内的家长们请记住：爱你的孩子就要抛掉那些不好的世俗教育，把机会留给孩子，给他们积极创造机会，留给孩子们一片广阔无垠的新天地。

养儿育女私房菜

张宏杰，一个普通华人家庭的女孩子，没有就读私立学校，也没有参加五花八门的课外补习班。父亲在外工作，母亲一心照顾家庭。2009 年春天，她连中四元，同时拿到哈佛、耶鲁、麻省理工和普林斯顿四所顶级大学的全额奖学金，一夜之间被传为佳话。是什么样的家庭教育让自己的孩子如此出色呢？怎样才能把自己的孩子送进世界名校？其实这些答案说来简单，做父母的没有必要把孩子当成天才，在孩子的一生中，健康的体魄，积极快乐的人生远比分数、金钱更重要。

女儿来美国前，在中国上到小学四年级，就学会了吃苦耐劳、勤学上进，为以后的学习和生活打下了坚实基础。初来美国的时候，女儿因为语言不通吃尽了苦头，可是她在美国待了一段时间，就能充分地适应美国社会了。八年级的时候，她参加了大学 SAT 考核，成绩很不错，得到了一项“小天才奖”，后来非常荣幸地获得了“汉密尔顿奖”的殊荣。这就是在中国学习时打下的功底，得益于中国的基础教育。到了她就读于弗吉尼亚艾伯马尔高中（Albemarle High School）时，她的学习就是全靠自己的兴趣了。

专心致志地读了几年书，她竟能一鸣惊人地考取四所世界顶尖名校，这又是如何做到的呢？毫无疑问，这来自孩子正确的人生观。环境的影响对任何人来说都是非常重要。而在女儿身边出现的同学和朋友可以说都是积极向上、淳朴善良的人。因此她乐善好施，严于律己，宽以待人，从不恶语伤人，以积极乐观的态度对待学习和生活中的每一件事情，对社会上一些低级趣味的东西，她是一笑了之。

我们常常发现，对于一个活泼好动，不懂世故的孩子来说，要静下心来学习是一件多么不容易的事情。因此，面对如此枯燥乏味的事情，最初对孩子就要有一定的约束会比较好些。俗话说没有规矩难成方圆，但不能够急于求成，更不能搞专制，瞎指挥，要有更多的耐心和时间去聆听孩子内心深处的声音。

另外，教育不一定非得要去最好的学校，不能忽视其他的因素。即便优秀高中的学生，也不一定都能上好大学。家长要做的就是给孩子打气，多鼓励她，不要自暴自弃，要学会自强不息，养成坚忍不拔的个性。能让孩子轻轻松松地融入集体、融入社会。有一次，女儿回到家里，说起某某名校的贵族子弟开 Party，每个人都开好车，每人一顿晚饭就要 100 多美元。当时，我们告诉孩子："不要看重眼前这些物质享受，要看得更远，我们要和他们比明天！"懂事的女儿知道父母十分辛苦，父亲外出工作，一个月左右才能回家一次。在这期间，她就帮助妈妈照顾年幼的弟弟和料理各种家务。同时，还刻苦学习。令我兴奋的是来到美国几年以后，她的中文不仅没有荒废，而且她的西班牙文还是年级的第一名。

父母是孩子最好的老师。每个孩子都是聪明、天真、可爱的，为什么有的父母能教育好孩子，有的却不行呢？这就需要家长具有鉴别孩子特长的能力了。每个小孩子都有他优秀的一面，作为家长要善于发现孩子的长处，适时引导他们。尽快培养他们自尊、自强、自立、自爱、谦虚的品性，这些都是父母应做的亲子必修课。我的女儿能有出息，我觉得是跟我们的教育方法分不开的。当然，我们父女之间也会出现问题，可是在出现问题时，做父母的要善意地批评和支持，不要冷言冷语，甚至打骂孩子。多做正面有意义的教导，尽量让孩子养成乐观向上的精神，引导孩子从多方面看问题等，这些都是习惯的培养。所以说一定要先学会尊重孩子，和孩子交朋友，建立真诚的沟通，这样才能让孩子接受家长的意见。

此外，父母的眼光要远大，要学会重视培养孩子的综合能力。要知道学习并不是整天泡在书本里，要劳逸结合，学好玩好，活学活用，把孩子一天的生活和学习事物的时间安排好，这也是家长必须做好的功课。女儿在高中时，除了日常的学习外，还利用课余时间到麦当劳打工。这些经历，不仅教会了她如何融入社会，也培养了她的沟通技巧和高效利用时间的方法。这些后来成为女儿申请大学的重要内容和人生的宝贵经验。

其实作为家长，我们自己本身不是天才，为什么非要让自己的孩子做他们觉得不快乐的事情呢？与其留给子女金山银山，不如留给他一身本事和健康快乐的人生。毕竟未来的路还要他自己来走。幸福和快乐，是不能用金钱和名利来衡量的。正是因为我们给了女儿持之以恒的正确教导，再加上轻松快乐的学习环境，最终成就了一个出生于普通人家的“哈佛女孩”。

毕业前，著名跨国公司力邀女儿加盟

2012 年的新春佳节眼看就要到来了，我们一家也是双喜临门。一个喜事是我买了一辆新车，替换了 12 年如一日陪我走遍大半个美国的旧车。另一个喜事就是读大三的女儿提前找到了工作，而且还是一家著名的跨国公司。

女儿的运气实在太好了。和往常一样，有许多大型跨国公司，每年都要到学校提前物色中意的学生，稍早的时候就有四家大公司来学校搞宣传，女儿慎重地申请了比较中意的三家公司，不料全部得到了面试的机会。

经过精心准备，女儿顺利地通过了三家公司的电话面试，没过几天就得到了其中两家全球著名跨国公司的第二次面试通知。不负所望的女儿面对严格的面试，淡定而从容，回答了花样百出的提问之后，她又一次打动了评委。经过漫长的等待，终于赢得了第三次面试的机会。这无异于喜从天降，因为现在的就业市场犹如数九寒冬，有许多的优秀人才，甚至连一次面试的机会都得不到。由此可见女儿可算是非常的幸运。到2012年1月11日，女儿再一次踏上了最终面试的征途。经过了长达三个小时的问答，女儿终于含笑走了出来。离开的时候，其中一位评审风趣地说：再过一个星期以后，你不会失望的。等待是焦急漫长的，特别是等待这家全球金融资本跨国公司的龙头老大的眷顾更是得之不易，要从来自世界各地300多名优秀生中脱颖而出，那是一件非常困难的事情，因为他们的录取率不足百分之九。1月18日，女儿终于迎来了喜讯，她最终幸运地被录取了。女儿高兴得挥舞着手臂，好像再次呈现出三年前同时被哈佛、耶鲁、麻省理工、普林斯顿大学录取时的喜悦心情。1月19日，女儿按原计划再一次去纽约应试另一家著名的跨国公司。有备而来的女儿轻装上阵，发挥很好，令所有的评审刮目相看，当评审们从交谈中得知女儿已经被别的公司相中后，一反常态地打破惯例当场拍板：欢迎你到我们的公司！你在我们的公司一定可以得到更好的发展！本来一场面试却不知不觉中变成了游说，面对如此场面，女儿也是十分激动，感谢幸运之神再一次眷顾了她。

在经过了几轮刁钻古怪的问答面试之后，女儿学习到了许多新知识，其中收获最大的就是诚实。人无完人，每个人都不可能像神仙一样能掐会算。而几乎所有的面试官最不能容忍的就是坐在那里听年轻人信口开河的胡说八道。如果你知道就如实回答，如果不知道也要坦诚相告。如果你有幸选中的话，他们会根据你的实际情况有针对性地培训你，让你知道更多实际的事情。如此一来，公司容易掌控每一个职员，知道他们会做什么。而不是出现问题后，职员除了指手画脚，就是束手无策，那样对公司只会造成损失。就像先贤所说的一样：知之为知之，不知为不知。不懂可以学，用心学总会弄懂的，不懂装懂，那是害人害己的。

无论女儿最后选择哪一家公司，现在都不重要了，重要的是她从现在开始又要面临人生新的挑战了，对于擅长学习的女儿来说，快乐的人生与健康的身体才是最重要的。

活学活用才是硬道理

有些朋友给我来信，说：他们是即将毕业的大学生，虽然他们朝气蓬勃，意气风发，可面对未来就业压力的严峻形势，心里都是忐忑不安，难以适应。对于这些问题，我首先想说，要有一个谦虚、平衡的心态，学会虚心好学、不骄不躁。其实这些都不是什么大问题，我们在生活中也会遇到这样的难题，关键是要怎样去适应这个社会。确实，学生在校园里待久了，就觉得社会上的东西好复杂，面对这样的一个变化，肯定有一些朋友会不适应，但是不要忘了，我们是有社会性的，再怎么着也要学会跟人打交道，不要畏惧社会，其实社会就是校园生活的升级版而已。

再一个就是你们要学会把自己在学校学习的东西恰当地应用起来，这样心里就会有底气。其实，学校教给你们的东西已经足够了，你们所要做的就是把那种学习方法普通化，使其能够在自己想要做的那个行业上发挥作用。有的人少年得志，有的人大器晚成，许多人愈挫愈勇，他们不因一时得失而垂头丧气，他们会仔细排查失败的原因，问题的关键到底出现在哪儿，进而对症想办法，解决一个又一个难题，这样一步步成长，最终做成一番事业。而有的人整日忙得不可开交，却碌碌无为，也有的人整日无所事事。这些人他们并不是没有能力，也不是不勤奋，而是因为他们不会活学活用，没有扬长避短，这样的人一旦掌握了做事方法，我想也一定能发挥出自身的长处和潜力，能大有作为的。

还有，我们不禁要问：为什么要读书呢？其实这个道理非常简单，学习不是为了那些枯燥乏味的文化知识，也不是为了那些抽象的价值观，而是想要通过学习这些知识能真正融入生活，让人更加明白为人处世的道理，明白健康的体魄、积极向上的热情和快乐的人生要远比金钱和分数更加重要的道理。

有一位博友，他有一个天真可爱的女儿，已经上小学四年级了。别看她女儿还小，朋友给她树立的志向却不小：把上耶鲁大学作为她的第一个人生奋斗目标。可怜天下父母心，与朋友聊天中，我知道他的确想竭尽全力地帮助她。某天他问我这个年龄段的孩子应该怎样学英语？经过一番思考，我给了他一封信：

敬复好朋友：

你好！

承蒙你的垂询，我就说一下自己的想法，有很多不妥之处，我们可以再商量。我觉得小孩子的这个时期，首先培养的是孩子的学习兴趣，而不是灌输她多少知识。比如，有时候我们知道小孩子做的并不是很完美，也不要拉下脸，大发脾气，毕竟孩子还小，不是神仙下凡！她不可能在每件事情上都做好。我们一定要多鼓励小孩子所取得的成绩，然后再慢慢引导孩子学习。另外，在平时家长应当多采取一些寓教于乐的学习方式，这样不仅让小孩子的记忆深刻，更为主要的是可以把孩子的注意力吸引到学习中来。当然，在学习中，千万不要给孩子过多的压力，那样，孩子在压力面前就会知难而退了；更不能够揠苗助长，让孩子学习那些超过自己实际能力的东西。一定要脚踏实地地培养孩子，不要想着把一个平凡的孩子看成超人的化身。俗话说心急吃不了热豆腐，说的就是这个道理。如果你真的喜欢你的孩子，那就从换位思考做起，同孩子交朋友，站在孩子的角度想问题，从心里去理解孩子的难处，这样更有利于引导孩子的学习和生活，还可以培养孩子和家长之间的亲情，这也是我们常常所说的赏识教育的应用。

在教育孩子上，除了“身先士卒”以外，还应当知难而上，而不是知难而退。遇到任何事情都不要大惊小怪。比如，小孩子为什么喜欢看电视？那我们何不通过看电视去掌握小孩子的言行举止，进而指导他们的处事方式，拓展他们的视野，让他们了解书本上没有的新生事物呢？家长如果反其道而行之，即使是把电视机锁起来又有何用！我想只要我们方法得当，能够把小孩子的学习兴趣带动起来，那么我们心中就会有希望。

玩耍是人类与生俱来的本能，无论是大人还是孩子都需要。事实上，玩耍对于一个人的健康成长还是非常重要的。现代心理学和教育学研究早已证实，玩耍是儿童最重要的学习途径之一，儿童首先是在玩耍中去认识、模仿和体验各种常识的。剥夺他们的玩耍权利，不仅是剥夺童年的快乐，更是在剥夺儿童有效的学习方式。美国著名教育家杜威对娱乐休闲的功能给出了一语中的的评价："艺术创作和欣赏的能力、娱乐的能力、有意义地利用闲暇的能力，都是公民效率的重要成分，比其他能力训练累加在一起更加重要。"他对蔑视玩耍的行为提出尖锐的批评：把休闲玩耍的需求看成是需要加以抑制的，这是绝对错误的，会造成可怕的恶果。而且"没有玩耍就没有成长"这是放之四海而皆准的真理。然而有些人根深蒂固的观念却是只有勤奋才能成才，以至于很多人认为玩物可以丧志，并且用这样的借口把玩耍和学习严重地对立起来。在这种情况下，许多家长看到的只是孩子在应试教育中被迫学习所获得的一点成绩，却看不到舍弃必要的玩耍所遗留的隐患。长此以往，小孩子想象力和创造力的开发必将大打折扣，也就无法适应高速发展的科技时代，到那时候家长想后悔都来不及了。

学习是需要智商和情商这两驾马车的，缺失任何一个，孩子的成长都会受到影响。如果孩子玩的不舒服，或者没有时间玩，那么他的情商和智商都会处于低谷，还会伴随注意力的不集中，理解力差等问题出现，这种情况下，他的学习成绩自然也好不到哪里去。以前，许多家长不理解阅读课外图书的重要性，对"看一些校外的图书"很鄙视，有的家长甚至横加干涉，毫不犹豫地把孩子从外面借回来的小说撕烂。现如今，时代不同了，阅读的重要性越来越被人们所认可和重视了。许多望子成龙的家长们又随波逐流，梦寐以求地希望孩子能够沉迷读书，然而这种做法导致孩子缺少了玩耍的时间。实际上，阅读和玩耍对教育而言都是缺一不可的，它们都是保证儿童健康成长的关键法宝，拿学习的借口来挤占孩子的玩耍时间，无异于想要马儿跑得快，却又不给马儿吃草，是一种掩耳盗铃的做法。

说到这里，可能会有人说：我承认玩耍很重要，也愿意孩子有足够的玩耍时间，只是希望小孩子要有一个正当的玩耍，不希望看到小孩子玩电游、看电视，干这些影响生活和学习的事情。相反，如果他玩别的，比如打篮球、下棋，这些看起来似乎更有益于身体健康，我们会坚决支持。其实，现实中有这样想法的家长大有人在，在他们看来，电游、看电视为不健康的玩耍，下棋、打篮球才是正当的玩耍。其实这是“仁者见仁智者见智”的看法。比如，现在的小孩子打不得骂不得，都是父母的掌上明珠，很少有小孩子可以老老实实地坐在那里埋头苦学的。当然，我的儿子自然也不例外。我们的做法是：夫人眼看儿子无法集中注意力去看书的时候，就会马上让他停下来玩一会儿，把他萎靡不振的精神重新提振起来，等玩好了，再让他回过头来继续学习。如此一来，儿子对学习始终保持着热情，从来就没有低落过。我想，这就是边玩边学让他精神上获得了休息放松，学习起来才那么有干劲儿的。

实际上，美国的教育一直以来特别强调孩子的动手能力，电脑等各类电子产品恰好为孩子提供了一个非常好的动手工具。和儿子一样，女儿在玩电游中也是无师自通。她的许多朋友玩电游也是很兴奋，他们把看似简单的玩耍，玩出了层出不穷的花样，这对孩子的智力开发是一种好的方式。

不可否认，从性格上来说，男孩子和女孩子是有很大的区别，不能够照搬照抄，一概而论。比如，我儿子聪明活泼，好动，而我的女儿却沉稳多了。在学习上，女儿自律性比较强，不用别人的督促就能够自己学习。而儿子则相对贪玩儿一些，有时玩儿起来什么事情都会忘在脑后，还需要夫人不时地提醒。有时候，我也在纳闷，同一个母亲生的孩子，为什么他们会有截然不同的性格，在学习上起到的作用更加明显。比如，儿子和女儿同样是在8岁，学校如果搞演讲比赛等活动，女儿一定会抽出时间来，对着镜子勤学苦练，反复地练习，力求精益求精，也不用我们操心。而我的儿子则不然，整日调皮捣蛋，没有姐姐那样认真，况且还会投机取巧，甚至和他妈妈讨价还价，用礼物的奖励和看电视、玩电子游戏机的时间来讲条件，不过最终在他妈妈循循善诱的教导之下，儿子也改正了许多主动性差的问题。

还有，我认为如果有相同的时间和精力教会孩子诗词十首，不如先教会孩子一些实用的安全常识。凡事都有一个轻重缓急，但没有比生命和安全更加重要的了。这一点许多的家长可能是不以为然，然而万一到了出现问题的时候，家长就悔之晚矣。

说了这么多，其实都是为了孩子的健康成长。希望我们今后能多多交流，如有冒失之处还请多多见谅。

随后我的博友又给我发了一封坦诚的回复，信的内容如下：

您好！

我女儿今年8岁，如此看来，我确实有点揠苗助长，让她早上学了。看了你的回复，很有感触，我在教育女儿的问题上是有些着急了。在女儿上学的四年中，在学习上我们并没有过多地关照她的兴趣，而是更多地给她立了一些规矩。比如，周一至周五晚上不许看电视，一回家就写作业等，执行得还好。四年级以后又面临着小升初的压力，我们就对她开始加大学习力度了，想让她考一个好一点的初中。从这看来，国内教育和国外教育可能真不一样。真的非常感谢你。

看了博友的来信，我很欣喜，因为我觉得这种教育方式对许多家长和孩子来说都很有用。教育小孩子就应该从孩子自身出发来引导他们学习，那样他们才会拥有健康的体魄，快乐的人生。其实这正是家长们所希望看到的。

家庭教育何去何从

美式教育的最大特色就是可以培养出品学兼优、多才多艺的人，越是精英教育越是如此。诸如那些常春藤名校在招收新生的时候，就是按照这样的标准来选拔中意的学生。他们不仅仅看高考的学习成绩，也同样看重学生的各个阶段的其他才艺表现是否全面。比如，即使有的学生能把书本倒背如流，可缺乏良好的品德或者缺少足够的想象力，他们也会毫不留情地把他们拒之门外，因为他们喜欢寻找那些德才兼备、富有创造力的学生；一个敢于担当，对社会发展有着潜在贡献的学生。这样来看，那些一味追求分数的孩子就会不得其志。当然，对德才兼备、才华横溢的解读绝对不是呆头呆脑，更不是想当然的自以为是，而是胸怀宽广，有潜质，有创新能力。

许多家长喜欢影子教育，其实这种教育方式是不可取的。因为他把孩子塑造成自己的影子，看起来外表光鲜华丽，实际上孩子自己内心不满意甚至很反感。这其中，最有代表性的就是死记硬背，这种方式扼杀了很多孩子的想象力，严重阻碍了他们创造力的形成和发展。鉴于此，我们在教育女儿的时候，就是刻意避开了这些教育上的不良症结。根据实际情况，尽量让孩子朝着多才多艺的方向发展。

其实，这个世界上，是那些不满足现状，时常标新立异，并且具有非凡想象力的人，才能成为改变世界和大多数人生活的领军人物。这不是那些只会鹦鹉学舌、夸夸其谈的人所能够做到的。

现如今，不是说：好家长胜过好老师吗？我觉得其实也不完全是这样，无论是好老师还是好家长，他们都是同样重要的。家长再神通广大，如果没有好老师的配合教育也是枉然。反之不管老师如何地竭尽心力，一旦碰上自以为是的家长也是徒劳无功。所以家庭教育和学校教育要齐头并进，这样孩子才能更好地成长。

家庭教育任重道远，是为人父母一个长期持续的事业，既不能操之过急，又不能故步自封，而是要脚踏实地用爱心和耐心来培育孩子，那样你的付出才会有收获。

教育没有国界，也不分贵贱，每一个人都有接受教育的权利，只要我们家长通过自身不懈的努力，多做一些自我批评和反思，就能取得成绩。实践证明，即使是一个没有受过高等教育的家庭，也同样可以培育出品学兼优的优秀人才，这也是我对家庭教育一点不成熟的认识和追求。

后　记

写这本书，说实话，我很激动，因为这是我的第一本书。我也很欣慰，因为可以把我多年来教儿育女的经验与大家分享。

在这本书中，我是站在一个孩子家长的角度，述说自己对子女教育的看法，文中内容都是自己的亲身经历。或许这不能和国内专家相提并论，毕竟我只是来自小城市的普通家庭，一个只有大专文化的孩子爸爸。但是我想说的是，这本书满含着我养儿育女的心血。

很多年前，我来到了美国，人生地不熟，一切都要从头开始，从最底层做起，期间历尽艰难，而今才有了自己的事业。我的孩子也能够在美国的环境下健康成长，我已经很满足了。

其实，在美国，有很多从国内移民过去的家庭，他们大多都是高级知识分子。而我们只是一个很普通的家庭，没有坚强的文化后盾，也没有家庭背景，一切只能靠我们自己。幸好我和夫人的思想并不保守，通过我们因材施教的教育方式，我的孩子从小就养成吃苦耐劳、自强不息的品质。从这一点上来看，我们的孩子和那些国内来自农村和贫困山区的孩子一样，只有把自己的能力提升起来，别人才会对你刮目相看。不同的就是，美国教育和国内教育有很大的区别，特别是常春藤名校，他们对学生的标准是各方面都要全面发展，这跟国内的应试教育大不相同。

鉴于此，我认为在教育小孩子的问题上，国内的家长首先应该转换思想，从提升自我开始做起！给孩子树立一个榜样，那样孩子就会产生很大的兴趣，进而在人生的道路上才能有所收获。家长千万不要对孩子品头论足，那样就会限制孩子的思想，打压孩子的积极性。当然还需要孩子的自身努力。这样才能从根本上解决教育究竟向何处去的实际问题，也才能让更多的孩子接受良好的家庭教育。

当然，这本书最终能出版，离不开深圳上官人文化传播有限公司编辑们的帮助，尤其是总经理马灯先生，为了我这本书，他从策划到编辑，反复审阅书稿，耗费了大量时间和精力；还有编辑部主任杨辉，他也用了大量精力对书稿修改润色，在这里一并谢谢他们。另外，我还要感谢一直以来对我宽容和理解的夫人、女儿和儿子，没有他们背后默默的支持，我也写不了这本书。

最后，笔者诚挚希望这本书能对国内的家长们在子女的教育上有所帮助。